The Enigmatic Enigma of the Chocolate Connoisseur: Short Stories in German for Beginners

Artici Bilingual Books

Published by Artici Bilingual Books, 2024.

THE ENIGMATIC ENIGMA OF THE CHOCOLATE CONNOISSEUR: SHORT STORIES IN GERMAN FOR BEGINNERS

First edition. May 11, 2024.

Copyright © 2024 Artici Bilingual Books.

ISBN: 979-8224697731

Written by Artici Bilingual Books.

Table of Contents

Der geheime Garten in der Schwarzwaldstraße

In einem malerischen Dorf, das tief in den sanften Hügeln des Schwarzwaldes verborgen lag, befand sich eine schmale Kopfsteinpflasterstraße namens Schwarzwaldstraße. Gesäumt von Fachwerkhäusern, die mit bunten Blumenkästen geschmückt waren, war diese malerische Gasse das Sinnbild für Ruhe und Charme. An der Nummer 27 verbarg sich ein unscheinbares Haus mit einer verblassten blauen Tür, hinter der ein Geheimnis lauerte, das nur wenige glückliche Seelen kannten.

Frau Gertrude Müller, eine Witwe in ihren letzten Jahren, lebte allein in diesem bescheidenen Heim. Mit ihrem silbernen Haar, das ordentlich zurückgesteckt war, und einer runden Brille auf ihrer Nase war sie ein vertrauter Anblick für die Dorfbewohner, die sie oft dabei beobachteten, wie sie ihren Garten mit akribischer Sorgfalt pflegte. Doch hinter der Fassade der Routine verbarg sich ein verborgenes Refugium - ein Garten von außergewöhnlicher Schönheit und Faszination.

Versteckt hinter dem Haus von Frau Müller befand sich ein kleines Tor, das Passanten kaum bemerkten. Dahinter erstreckte sich eine Welt wie keine andere - eine üppige Oase, die mit exotischen Pflanzen und lebhaften Blüten übersprudelte. Hohe Sonnenblumen wiegten sich anmutig in der sanften Brise, ihre goldenen Köpfe wandten sich der Sonne zu, als würden sie still verehren. Lavendelbüsche tanzten in der Luft und erfüllten die Umgebung mit ihrem beruhigenden Duft. Doch der Mittelpunkt des Gartens war es, der das Herz wirklich fesselte - ein prächtiger Kirschblütenbaum, dessen zarte rosa Blüten wie ein Wasserfall von Blütenblättern herabfielen.

Dieser verzauberte Garten war Frau Müllers ganzer Stolz, eine Liebesarbeit, die sie seit Jahrzehnten gepflegt hatte. Doch seine Existenz blieb ein gut gehütetes Geheimnis, das nur einer ausgewählten Gruppe bekannt war, die auf den verborgenen Eingang gestoßen war. Zu ihnen gehörte auch der junge Friedrich Schmidt, ein neugieriger Junge mit einer Vorliebe für Entdeckungen.

Friedrich entdeckte den Garten zum ersten Mal an einem faulen Sommernachmittag, als er seinem davongeflogenen Drachen hinterherjagte. Als er die Schwarzwaldstraße entlang schlenderte, fiel ihm das bunte Flattern der Blütenblätter auf, das ihn zum versteckten Tor führte. Mit zitternden Händen öffnete er es und trat in eine Welt voller Magie und Staunen.

Von diesem Moment an wurde Friedrich zu einem regelmäßigen Besucher des geheimen Gartens und verbrachte stundenlang in seinem ruhigen Umarmung. Oft setzte er sich unter den Kirschblütenbaum, skizzierte seine filigranen Zweige und lauschte dem melodischen Gezwitscher der Vögel über sich. Hier fand er Trost vor den Problemen der Welt - ein Refugium, in dem Träume fliegen konnten und Sorgen dahinschmolzen.

Mit dem Wechsel der Jahreszeiten veränderte sich auch der Garten, verwandelte sich mit jedem vergehenden Monat. Im Frühling erblühte er in einem Feuerwerk der Farben, während der Sommer faule Nachmittage in der Wärme der Sonne brachte. Der Herbst malte die Landschaft in Gold- und Karmesintönen, während der Winter sie in eine Schneedecke hüllte und sie in ein Winterwunderland verwandelte.

Doch zwischen all der Schönheit lag ein Schatten der Unsicherheit, denn Frau Müllers Gesundheit schwand dahin, und mit jedem vergehenden Tag wurde die Zukunft des Gartens ungewisser. Als sich im Dorf Gerüchte über die verborgene Oase verbreiteten, gab es Gerüchte über Entwickler, die das Land für kommerzielle Zwecke im Auge hatten und die Bedrohung des Refugiums, das so vielen Freude gebracht hatte.

Entschlossen, das Erbe des Gartens zu bewahren, machte sich Friedrich daran, ihn vor dem drohenden Untergang zu retten. Mit Hilfe seiner Freunde und Nachbarn organisierte er eine Spendenaktion, um das Land von Frau Müller zu erwerben und sicherzustellen, dass es für kommende Generationen unberührt blieb.

Der Tag der Spendenaktion brach an, und der Dorfplatz brummte vor Aufregung, als sich die Einheimischen versammelten, um ihre Unterstützung zu zeigen. Tische voller hausgemachter Kuchen und Gebäck säumten die Kopfsteinpflasterstraßen, während Musiker die Menge mit fröhlichen Melodien unterhielten. Doch es war Friedrichs leidenschaftliche Rede, die die Herzen der Dorfbewohner wirklich ergriff und sie in einer Solidaritätsbekundung zusammenbrachte.

Bewegt von seinen Worten griffen sie tief in ihre Taschen und spendeten großzügig, was sie konnten, um die Sache zu unterstützen. Am Ende des Tages hatten sie ihr Ziel übertroffen und genug Gelder gesammelt, um die Zukunft des geheimen Gartens auf unbestimmte Zeit zu sichern.

Mit Freudentränen, die über ihre faltigen Wangen liefen, umarmte Frau Müller Friedrich und dankte ihm für seine selbstlose Freundlichkeit. Und als die Sonne über der Schwarzwaldstraße unterging und einen warmen goldenen Schimmer auf das Dorf unter ihr warf, erblühte der geheime Garten heller als je zuvor.

The Secret Garden on Schwarzwald Strasse

In a quaint village nestled deep within the rolling hills of the Black Forest, there stood a narrow cobblestone street known as Schwarzwald Strasse. Lined with half-timbered houses adorned with colorful flower boxes, this picturesque lane was the epitome of tranquility and charm. At number 27, an unassuming house with a faded blue door concealed a secret that only a few fortunate souls knew of.

Frau Gertrude Müller, a widow in her twilight years, lived alone in this modest abode. With her silver hair neatly pinned back and a pair of round spectacles perched on her nose, she was a familiar sight to the villagers, often seen tending to her garden with meticulous care. Yet, behind the facade of routine lay a hidden sanctuary—a garden of extraordinary beauty and wonder.

Tucked away behind Frau Müller's house was a small gate, barely noticeable to passersby. Beyond it lay a world unlike any other—a lush oasis brimming with exotic plants and vibrant blooms. Towering sunflowers swayed gracefully in the gentle breeze, their golden heads turning towards the sun as if in silent worship. Clusters of lavender danced in the air, filling the surroundings with their soothing fragrance. But it was the centerpiece of the garden that truly captivated the heart—a magnificent cherry blossom tree, its delicate pink blossoms cascading like a waterfall of petals.

This enchanted garden was Frau Müller's pride and joy, a labor of love she had nurtured for decades. Yet, its existence remained a closely guarded secret, known only to a select few who had stumbled upon its hidden entrance. Among them was young Friedrich Schmidt, a curious boy with a penchant for exploration.

Friedrich first discovered the garden one lazy summer afternoon while chasing after his runaway kite. As he meandered down Schwarzwald

Strasse, the colorful fluttering of petals caught his eye, leading him to the hidden gate. With trembling hands, he pushed it open, stepping into a world of magic and wonder.

From that moment on, Friedrich became a regular visitor to the secret garden, spending hours lost in its tranquil embrace. He would often sit beneath the cherry blossom tree, sketching its intricate branches and listening to the melodic chirping of birds overhead. It was here that he found solace from the troubles of the world—a sanctuary where dreams took flight and worries melted away.

As the seasons changed, so too did the garden, transforming with each passing month. In the spring, it burst into life with a riot of colors, while summer brought lazy afternoons basking in the warmth of the sun. Autumn painted the landscape in shades of gold and crimson, while winter draped it in a blanket of snow, turning it into a winter wonderland.

But amidst the beauty lay a shadow of uncertainty, for Frau Müller's health was failing, and with each passing day, the future of the garden grew more uncertain. As rumors spread through the village of the hidden oasis, there were whispers of developers eyeing the land for commercial purposes, threatening to destroy the sanctuary that had brought joy to so many.

Determined to preserve the garden's legacy, Friedrich embarked on a mission to save it from impending doom. With the help of his friends and neighbors, he organized a fundraiser to purchase the land from Frau Müller, ensuring that it would remain untouched for generations to come.

The day of the fundraiser arrived, and the village square buzzed with excitement as locals gathered to show their support. Tables laden with homemade cakes and pastries lined the cobblestone streets, while musicians serenaded the crowd with cheerful melodies. But it was Friedrich's impassioned speech that truly captured the hearts of the villagers, rallying them together in a show of solidarity.

Moved by his words, they dug deep into their pockets, generously donating whatever they could spare to the cause. By the end of the day, they had surpassed their goal, raising enough funds to secure the future of the secret garden indefinitely.

With tears of joy streaming down her wrinkled cheeks, Frau Müller embraced Friedrich, thanking him for his selfless act of kindness. And as the sun set over Schwarzwald Strasse, casting a warm golden glow upon the village below, the secret garden bloomed brighter than ever before.

Die Patisserie der Wunder in der Morgenstraße

An einer malerischen Straßenecke in der historischen Stadt Heidelberg, eingebettet zwischen einem lebhaften Marktplatz und einer schlängelnden Kopfsteinpflastergasse, stand eine charmante Patisserie namens "Le Petit Paradis". Mit ihrer einladenden Fassade, verziert mit zarten Schmiedeeisenbalkonen und einer bunten Vielfalt von Blumenkästen, war sie ein Zufluchtsort für diejenigen mit einem süßen Zahn und einer Vorliebe für kulinarische Genüsse.

An der Spitze dieser bezaubernden Einrichtung stand Frau Helene Bauer, eine zierliche Frau mit funkelnden blauen Augen und einem warmen Lächeln, das selbst den düstersten Tag erhellen konnte. Mit einer Leidenschaft fürs Backen, die über Generationen weitergegeben wurde, hatte sie ihr Leben damit verbracht, die Kunst des Gebäckmachens zu perfektionieren und köstliche Leckereien zu kreieren, die die Gäste immer wieder zurückkommen ließen.

Von blättrigen Croissants, die mit Puderzucker bestäubt waren, bis hin zu dekadenten Schokoladen-Eclairs, gefüllt mit reicher Ganache, war jede Kreation, die aus Frau Bauers Küche kam, ein Meisterwerk für sich. Aber es war ihre Signatur-Kreation, der "Schneeballen" oder Schneeballgebäck, das ihr weitreichendes Lob in der gesamten Region eingebracht hatte.

Aus einem zarten Teig, der zu einer Kugel geformt und mit Puderzucker bestäubt wurde, war der Schneeballen eine wahre Liebesarbeit - ein Symbol für Tradition und Handwerkskunst, das über Generationen weitergegeben worden war. Mit seiner leichten und luftigen Textur schmolz er im Mund wie eine Schneeflocke an einem warmen Sommertag und hinterließ eine anhaltende Süße, die lange nach dem letzten Krümel noch zu spüren war.

Doch inmitten des hektischen Treibens des täglichen Lebens gab es eine geheime Zutat, die Frau Bauers Gebäck von allen anderen unterschied - eine Prise Magie, die bei jeder Charge mit Hilfe ihres vertrauten Assistenten, des jungen Fritz Müller, eingewoben wurde.

Fritz war ein schüchterner und bescheidener Junge mit zerzaustem braunem Haar und einem schelmischen Funkeln in den Augen. Als Waise in jungen Jahren hatte er Trost in der Küche von Le Petit Paradis gefunden, wo Frau Bauer ihn unter ihre Fittiche genommen und ihm die Kunst des Backens beigebracht hatte. Zusammen bildeten sie ein ungewöhnliches Duo, das ihre Fähigkeiten und Kreativität kombinierte, um Köstlichkeiten zu kreieren, die wirklich aus dieser Welt waren.

Aber es war Fritzs besonderes Geschenk, das ihn wirklich auszeichnete - ein Geschenk, das er von seiner Großmutter geerbt hatte, von der gemunkelt wurde, dass sie selbst magische Kräfte besaß. Mit einer einfachen Berührung seiner Hand konnte Fritz jedem Gebäck eine Prise Verzauberung verleihen und sie mit einer Freude und einem Staunen erfüllen, die jede Erklärung zu überwinden schien.

Von dem Moment an, als er sein Geschenk entdeckte, hielt Fritz es vor der Welt verborgen, aus Angst vor den Konsequenzen, wenn er sein Geheimnis anderen offenbaren würde. Aber als er älter wurde, begann er die wahre Kraft seiner Fähigkeiten zu erkennen - anderen auf unvorstellbare Weise Glück und Freude zu bringen.

An einem schicksalhaften Morgen, als die Sonne über der Morgenstraße aufging, kam Fritz in Le Petit Paradis an und fand Frau Bauer in einem Zustand der Verzweiflung vor. Es schien, als würde ihre geliebte Patisserie kurz davor stehen, ihre Türen für immer zu schließen, denn eine konkurrierende Bäckerei hatte am anderen Ende der Stadt eröffnet und mit Versprechen von billigeren Preisen und schnellerem Service ihre Kunden abgeworben.

Entschlossen, ihr Geschäft vor dem Ruin zu retten, machten sich Frau Bauer und Fritz daran, das ultimative Gebäck zu kreieren - eine Köstlichkeit von so außergewöhnlicher Art, dass sie die Herzen und

Gaumen selbst der anspruchsvollsten Kunden begeistern würde. Mit Fritzs magischer Berührung und Frau Bauers kulinarischem Fachwissen arbeiteten sie Tag und Nacht unermüdlich, experimentierten mit neuen Aromen und Techniken, bis sie ihr Meisterwerk perfektioniert hatten.

Schließlich kam der Tag der Abrechnung - die feierliche Eröffnung der konkurrierenden Bäckerei, wo ihr Schicksal endgültig entschieden würde. Als sich Menschenmassen auf dem Marktplatz versammelten, um die Angebote des neuen Unternehmens zu probieren, enthüllten Frau Bauer und Fritz ihr Meisterstück - den "Himmelskuss".

Aus Schichten zarter Blätterteig gefüllt mit cremiger Vanillecreme und gekrönt mit einer wolkenartigen Spirale aus Schlagsahne war der Himmelskuss ein Anblick zu sehen - ein wahres Kunstwerk, das im Sonnenlicht zu schimmern und zu funkeln schien. Doch es war die geheime Zutat, die in seinen blättrigen Schichten verborgen war und ihn von allen anderen unterschied - eine Berührung von Fritzs Magie, durchtränkt von Liebe und Sehnsucht nach einem Hauch von Himmel selbst.

Als der erste Biss genommen wurde, legte sich eine Stille über die Menge, die nur vom Klang zufriedener Murmeln und zufriedener Seufzer unterbrochen wurde. Mit jedem Bissen überkam diejenigen, die sich hingaben, eine Welle des Glücks, die sie mit einem Gefühl von Staunen und Freude erfüllte, das über das Gewöhnliche hinauszugehen schien.

Und als der letzte Krümel verschlungen war, erhob sich ein kollektiver Aufschrei des Erstaunens aus der Menge, gefolgt von einem donnernden Applaus, der durch die Straßen Heidelbergs hallte. Denn in diesem Moment hatten Frau Bauer und Fritz nicht nur ihre geliebte Patisserie vor dem Ruin gerettet, sondern auch die Herzen und Vorstellungen aller erobert, die ihre wundersame Kreation gekostet hatten.

Von diesem Tag an blühte Le Petit Paradis wie nie zuvor auf und zog Besucher aus nah und fern an, die die Magie des Himmelskusses selbst erleben wollten. Und was Fritz betrifft, so entdeckte er, dass die wahre Kraft seines Geschenks nicht darin lag, Gebäck zu verzaubern, sondern

darin, Menschen zusammenzubringen - Momente des Glücks und der
Verbundenheit zu schaffen, die ein Leben lang halten würden.

The Patisserie of Wonders on Morgenstrasse

On a quaint street corner in the historic town of Heidelberg, nestled between a bustling market square and a meandering cobblestone alley, there stood a charming patisserie known as "Le Petit Paradis." With its inviting facade adorned with delicate wrought-iron balconies and a colorful array of flower boxes, it was a haven for those with a sweet tooth and a penchant for culinary delights.

At the helm of this enchanting establishment was Frau Helene Bauer, a petite woman with twinkling blue eyes and a warm smile that could brighten even the gloomiest of days. With a passion for baking passed down through generations, she had spent her life perfecting the art of pastry-making, creating delectable treats that left patrons coming back for more.

From flaky croissants dusted with powdered sugar to decadent chocolate éclairs filled with rich ganache, each creation that emerged from Frau Bauer's kitchen was a masterpiece in its own right. But it was her signature creation, the "Schneeballen" or snowball pastry, that had earned her widespread acclaim throughout the region.

Made from a delicate dough rolled into a ball and dusted with powdered sugar, the Schneeballen was a true labor of love—a symbol of tradition and craftsmanship that had been passed down through generations. With its light and airy texture, it melted in the mouth like a snowflake on a warm summer's day, leaving behind a lingering sweetness that lingered long after the last crumb had been devoured.

But amidst the hustle and bustle of daily life, there was one secret ingredient that set Frau Bauer's pastries apart from all others—a touch of magic woven into every batch with the help of her trusted assistant, young Fritz Müller.

Fritz was a shy and unassuming boy with tousled brown hair and a mischievous twinkle in his eye. Orphaned at a young age, he had found solace in the kitchen of Le Petit Paradis, where Frau Bauer had taken him under her wing and taught him the art of baking. Together, they formed an unlikely duo, blending their skills and creativity to create confections that were truly out of this world.

But it was Fritz's special gift that truly set him apart—a gift inherited from his grandmother, who had been rumored to possess magical powers of her own. With a simple touch of his hand, Fritz could infuse each pastry with a sprinkle of enchantment, filling them with joy and wonder that seemed to defy explanation.

From the moment he discovered his gift, Fritz had kept it hidden from the world, fearing the consequences of revealing his secret to others. But as he grew older, he began to realize the true power of his abilities—to bring happiness to those around him in ways he had never imagined possible.

One fateful morning, as the sun rose over Morgenstrasse, Fritz arrived at Le Petit Paradis to find Frau Bauer in a state of distress. It seemed that their beloved patisserie was in danger of closing its doors for good, as a rival bakery had opened across town, stealing away their customers with promises of cheaper prices and faster service.

Determined to save their business from ruin, Frau Bauer and Fritz set out to create the ultimate pastry—a confection so extraordinary that it would captivate the hearts and taste buds of even the most discerning of patrons. With Fritz's magical touch and Frau Bauer's culinary expertise, they worked tirelessly day and night, experimenting with new flavors and techniques until they had perfected their masterpiece.

Finally, the day of reckoning arrived—the grand opening of the rival bakery, where their fate would be decided once and for all. As crowds gathered in the market square, eager to sample the offerings of the new establishment, Frau Bauer and Fritz unveiled their pièce de résistance—the "Himmelskuss" or heavenly kiss pastry.

Crafted from layers of delicate puff pastry filled with creamy vanilla custard and topped with a cloud-like swirl of whipped cream, the Himmelskuss was a sight to behold—a true work of art that seemed to shimmer and sparkle in the sunlight. But it was the secret ingredient hidden within its flaky layers that set it apart from all others—a touch of Fritz's magic, infused with love and longing for a taste of heaven itself.

As the first bite was taken, a hush fell over the crowd, broken only by the sound of satisfied murmurs and contented sighs. With each mouthful, a wave of bliss washed over those who indulged, filling them with a sense of wonder and joy that seemed to transcend the ordinary.

And as the last crumb was devoured, a collective gasp of amazement rose up from the crowd, followed by thunderous applause that echoed through the streets of Heidelberg. For in that moment, Frau Bauer and Fritz had not only saved their beloved patisserie from ruin but had also captured the hearts and imaginations of all who had tasted their wondrous creation.

From that day forth, Le Petit Paradis flourished like never before, drawing visitors from far and wide who sought to experience the magic of the Himmelskuss for themselves. And as for Fritz, he discovered that the true power of his gift lay not in its ability to enchant pastries, but in its ability to bring people together—to create moments of joy and connection that would last a lifetime.

Schatten im Schwarzwald

Der Schwarzwald breitete sich vor Hans aus wie eine weite Dunkelheit, sein dichtes Blätterdach verdrängte das schwache Licht des Mondes. Er stand am Rand des Baumgevierts, das Gewehr in der Hand, sein Atem im kalten Nachtwind sichtbar. Die Stille war ohrenbetäubend, nur gelegentlich unterbrochen vom Rascheln der Blätter oder dem entfernten Ruf einer nächtlichen Kreatur.

Hans hatte sich schon oft in diese Wälder gewagt, aber niemals allein und niemals bei Nacht. Doch die Verzweiflung hatte ihn an diesen Ort getrieben - ein Ort der Schatten und Geheimnisse, an dem Gefahr an jeder Ecke lauerte. Er hatte von einem verborgenen Häuschen tief im Wald gehört, einem Zufluchtsort für diejenigen, die Schutz vor dem Chaos der Welt draußen suchten.

Mit jedem Schritt, den er tat, spürte Hans das Gewicht seiner Last, die auf ihm lastete - eine Last, die nicht nur aus seinen eigenen Kämpfen, sondern auch aus den unzähligen anderen bestand, die ihm ihr Leben anvertraut hatten. Denn er war ein Widerstandskämpfer, ein Soldat in einem Krieg, der still unter der Oberfläche des Alltags tobte - ein Krieg gegen Tyrannei und Unterdrückung.

Als er tiefer in die Dunkelheit eindrang, schärften sich Hans' Sinne, auf das geringste Anzeichen von Gefahr eingestellt. Sein Griff am Gewehr verstärkte sich, sein Herz schlug laut in seiner Brust, während er das tückische Gelände mit der Geschicklichkeit eines erfahrenen Spurenlesers navigierte. Jedes Geräusch, jede Bewegung sandte einen Adrenalinstoß durch seine Adern, seine Instinkte geschärft durch Jahre des Überlebens in einer verrückten Welt.

Stunden vergingen in einem Wirbel aus Schatten und Mondlicht, bis Hans schließlich sein Ziel erreichte - eine kleine Lichtung, die in silbernes Mondlicht getaucht war. Und dort, zwischen den hoch aufragenden Kiefern, stand die Hütte - eine verwitterte Struktur aus grob behauenen Baumstämmen und bröckelndem Mörtel, ihre Fenster dunkel und unheilvoll.

Mit vorsichtigen Schritten näherte sich Hans der Hütte, seine Sinne auf der Hut vor jedem Anzeichen von Gefahr. Er war vor den Risiken gewarnt worden - vor den Patrouillen, die im Wald streiften, auf der Suche nach Flüchtigen wie ihm, und vor den Verrätern, die in den Schatten lauerten, bereit, ihre Kameraden für eine Handvoll Silber zu verraten.

Aber Hans ließ sich nicht abschrecken, angetrieben von einem Gefühl der Pflicht und des Zwecks, das in ihm wie eine Flamme brannte. Denn er trug eine Botschaft bei sich - eine Botschaft der Hoffnung und des Widerstands, bestimmt für die Ohren derer, die es wagten, von einem besseren Morgen zu träumen.

Als er die Tür der Hütte erreichte, hielt Hans inne, seine Hand zitternd, als er sie erhob, um zu klopfen. Für einen Moment zögerte er, überwältigt von der Größe der Aufgabe vor ihm. Doch dann, mit einem tiefen Atemzug, klopfte er scharf an das Holz, der Klang hallte durch die Stille der Nacht.

Sekunden dehnten sich zu Minuten aus, während Hans wartete, seine Sinne angestrengt nach jedem Anzeichen von Bewegung im Inneren. Und dann, langsam, fast unmerklich, öffnete sich die Tür, und eine Gestalt, in Dunkelheit gehüllt, trat hervor.

"Hans", erklang eine flüsternde Stimme, kaum hörbar über das Rascheln der Blätter. "Du bist gekommen."

Die Gestalt trat ins Mondlicht, enthüllte das Gesicht eines alten Mannes, dessen Züge vom Leben gezeichnet waren. Seine Augen glänzten vor entschlossenem Blick, aber auch von einer Weisheit, die von Jahren in der Wildnis sprach.

"Klaus", erwiderte Hans, seine Stimme von Emotionen heiser. "Ich bringe Neuigkeiten von der Front. Der Widerstand gewinnt an Boden, aber wir brauchen Verstärkung. Die Zeit ist gekommen, zurückzuschlagen gegen unsere Unterdrücker - ihnen zu zeigen, dass wir uns nicht in die Knie zwingen lassen werden."

Klaus nickte feierlich, sein Blick nie von Hans' Gesicht abwendend. "Wir haben auf diesen Moment gewartet, mein Freund. Die Leute sind bereit aufzustehen, für ihre Freiheit zu kämpfen mit jeder Faser ihrer Existenz."

Gemeinsam betraten Hans und Klaus die Hütte, die Tür schloss sich hinter ihnen mit einem dumpfen Geräusch. Im Inneren lag der Duft von Kiefern und Holzrauch in der Luft, eine tröstliche Erinnerung an die Wärme und Sicherheit, die sie erwartete.

Um einen grob gehauenen Tisch versammelten sich Männer und Frauen, ihre Gesichter von Entschlossenheit gezeichnet, während sie Hans' Worten lauschten. Es waren Bauern und Arbeiter, Ladenbesitzer und Handwerker - alle vereint durch eine gemeinsame Sache, verbunden durch den gemeinsamen Glauben an die Kraft des Widerstands.

Stundenlang planten und strategisierten sie, ihre Stimmen stiegen und fielen wie das Auf und Ab der Gezeiten. Sie sprachen von Überfällen und Sabotageakten, von Raids und Aufklärungsmissionen - jeder waghalsiger als der letzte, jeder mit dem Versprechen von Sieg oder Niederlage.

Doch mitten im Chaos und der Unsicherheit gab es einen Hoffnungsschimmer - einen Funken, der sich weigerte zu erlöschen. Denn in den Herzen dieser tapferen Männer und Frauen brannte das Feuer der Freiheit - ein Feuer, das die dunkelsten Ecken der Welt erleuchten und die Schatten der Unterdrückung für immer vertreiben würde.

Als die Morgendämmerung über den Schwarzwald brach, traten Hans und Klaus aus der Hütte, ihre Entschlossenheit gestärkt durch die Erkenntnis, dass sie nicht allein waren. Hinter ihnen folgten die anderen, ihre Schritte hallten durch die Bäume wie ein Schlachtruf - ein Ruf zu den Waffen, der über das Land erschallen würde.

Und während sie in die Tiefen des Waldes verschwanden, ihre Gesichter wie Flinten gesetzt, wussten sie, dass der Kampf vor ihnen lang und mühsam sein würde. Aber sie wussten auch, dass sie nicht wanken

würden, noch würden sie nachgeben, bis der Sieg ihr war und die Freiheit
wieder im Land ihrer Geburt herrschte.

20

Shadows in the Black Forest

The Black Forest lay before Hans like a vast expanse of darkness, its dense canopy blocking out the feeble light of the moon. He stood at the edge of the tree line, rifle in hand, his breath misting in the chilly night air. The silence was deafening, broken only by the occasional rustle of leaves or the distant cry of a nocturnal creature.

Hans had ventured into these woods many times before, but never alone and never at night. Yet, desperation had driven him to this place—a place of shadows and secrets, where danger lurked around every corner. He had heard whispers of a hidden cabin deep within the forest, a sanctuary for those seeking refuge from the chaos of the world outside.

With each step he took, Hans felt the weight of his burden pressing down upon him—a burden borne not only of his own struggles but of the countless others who had entrusted him with their lives. For he was a resistance fighter, a soldier in a war that raged silently beneath the surface of everyday life—a war against tyranny and oppression.

As he plunged deeper into the darkness, Hans's senses sharpened, attuned to the slightest hint of danger. His grip tightened on the rifle, his heart pounding in his chest as he navigated the treacherous terrain with the skill of a seasoned tracker. Every sound, every movement sent a jolt of adrenaline coursing through his veins, his instincts honed by years of survival in a world gone mad.

Hours passed in a blur of shadows and moonlight, until at last, Hans stumbled upon his destination—a small clearing bathed in silver moonbeams. And there, nestled among the towering pines, stood the cabin—a weathered structure of rough-hewn logs and crumbling mortar, its windows dark and foreboding.

With cautious steps, Hans approached the cabin, his senses on high alert for any sign of danger. He had been warned of the risks—of the patrols that prowled the forest, searching for fugitives like himself, and of the traitors who lurked in the shadows, eager to betray their comrades for a handful of silver.

But Hans was undeterred, driven by a sense of duty and purpose that burned within him like a flame. For he carried with him a message—a message of hope and defiance, destined for the ears of those who dared to dream of a better tomorrow.

As he reached the door of the cabin, Hans paused, his hand trembling as he raised it to knock. For a moment, he hesitated, overcome by the enormity of the task before him. But then, with a deep breath, he rapped sharply on the wood, the sound echoing through the stillness of the night.

Seconds stretched into minutes as Hans waited, his senses straining for any sign of movement within. And then, slowly, almost imperceptibly, the door creaked open, revealing a figure cloaked in darkness.

"Hans," came a whispered voice, barely audible above the rustle of leaves. "You've come."

The figure stepped into the moonlight, revealing the face of an old man, his features weathered and worn by a lifetime of hardship. His eyes gleamed with a fierce determination, tempered by a wisdom that spoke of years spent in the wilderness.

"Klaus," Hans replied, his voice hoarse with emotion. "I bring news from the front. The resistance is gaining ground, but we need reinforcements. The time has come to strike back against our oppressors—to show them that we will not be cowed into submission."

Klaus nodded solemnly, his gaze never wavering from Hans's face. "We have been waiting for this moment, my friend. The people are ready to rise up, to fight for their freedom with every ounce of strength they possess."

Together, Hans and Klaus entered the cabin, the door closing behind them with a soft thud. Inside, the air was thick with the scent of pine and wood smoke, a comforting reminder of the warmth and safety that awaited them within.

Around a rough-hewn table, a group of men and women gathered, their faces etched with determination as they listened to Hans's words. They were farmers and laborers, shopkeepers and tradesmen—all united by a common cause, bound together by a shared belief in the power of resistance.

For hours, they strategized and planned, their voices rising and falling like the ebb and flow of the tide. They spoke of ambushes and sabotage, of raids and reconnaissance missions—each one more daring than the last, each one carrying with it the promise of victory or defeat.

But amidst the chaos and uncertainty, there was a glimmer of hope—a spark that refused to be extinguished. For in the hearts of these brave men and women burned the fire of freedom—a fire that would illuminate the darkest corners of the world and banish the shadows of oppression forever.

As dawn broke over the Black Forest, Hans and Klaus emerged from the cabin, their resolve steeled by the knowledge that they were not alone. Behind them, the others followed, their footsteps echoing through the trees like a rallying cry—a call to arms that would resound across the land.

And as they vanished into the depths of the forest, their faces set like flint, they knew that the battle ahead would be long and arduous. But they also knew that they would not falter, nor would they yield, until victory was theirs and freedom reigned once more in the land of their birth.

Flüstern des Rheins

Entlang der Ufer des majestätischen Rheins, eingebettet zwischen von Weinbergen bedeckten Hügeln und alten Burgen, lag ein malerisches Dorf namens Weidenbach. Seine Kopfsteinpflasterstraßen schlängelten sich wie mäandernde Bäche durch die Stadt, gesäumt von Fachwerkhäusern, geschmückt mit bunten Blumenkästen, die von Blüten jeder Farbe überquollen.

Im Herzen von Weidenbach stand eine prächtige Villa - ein weitläufiges Anwesen, das seit Generationen das Zuhause der Familie von Berg war. Mit ihren von Efeu bedeckten Wänden und Türmen, die in den Himmel ragten, war sie ein Zeugnis einer längst vergangenen Ära von Eleganz und Opulenz.

Doch innerhalb der Mauern des Anwesens von Berg lag ein Schatten - ein Geheimnis, das seit Jahrzehnten begraben war und darauf wartete, von denen ausgegraben zu werden, die es wagten, den Flüstern der Vergangenheit zuzuhören.

Es war der Sommer des Jahres 1925, als die junge Liesl von Berg nach Weidenbach zurückkehrte, nachdem sie Jahre im Ausland in Paris verbracht hatte. Mit ihrer porzellanweißen Haut und den kastanienbraunen Locken, die ihr den Rücken hinab fielen, war sie das Sinnbild von Anmut und Raffinesse - eine Schönheit, die Zungen zum Reden brachte und Herzen höher schlagen ließ.

Doch hinter Liesls strahlendem Lächeln lag eine Welt der Unsicherheit - eine Welt, geprägt von Geheimnissen und Lügen, die drohten, ihre Familie auseinanderzureißen. Denn verborgen in den Tiefen des Anwesens von Berg lag eine verborgene Kammer - ein Raum, der vor neugierigen Blicken verschlossen war und dessen Inhalt nur wenigen bekannt war.

Als Liesl sich wieder in das Leben in Weidenbach einlebte, konnte sie das Gefühl nicht loswerden, dass etwas nicht stimmte - ein Gefühl der Unruhe, das an ihr nagte wie ein hungriges Tier. Sie fühlte sich zu der verborgenen Kammer hingezogen, getrieben von einer unsichtbaren Kraft, die ihr mitten in der Nacht zuflüsterte.

Mit zitternden Händen begab sich Liesl in die Tiefen der Villa, folgte den gewundenen Gängen, bis sie die Tür der verborgenen Kammer erreichte. Mit einem tiefen Atemzug drehte sie den Schlüssel, ihr Herz klopfte laut in ihrer Brust, als sie in die Dunkelheit jenseits der Tür trat.

Im Inneren hing der Duft von Staub und Verfall in der Luft, der Raum war von Schatten umhüllt, die im gedämpften Licht zu tanzen schienen. Und dort, mitten im Dunkel, entdeckte Liesl einen Schatz an Erinnerungen - eine Sammlung von Briefen und Fotografien, die die Geschichte von ihrer Familienvergangenheit erzählten.

Während Liesl die Artefakte einer vergangenen Ära durchforstete, setzte sie die Fragmente eines Puzzles zusammen - ein Puzzle, das die Wahrheit hinter dem dunkelsten Geheimnis der Familie von Berg offenbarte. Es war eine Geschichte von verbotener Liebe und Verrat, von Opfern, die im Namen von Ehre und Pflicht gebracht wurden.

Im Mittelpunkt all dessen stand Liesls Großmutter, Amelie von Berg - eine Frau, deren Schönheit einst die Herzen aller, die sie sahen, erobert hatte. Doch hinter ihrer zerbrechlichen Fassade verbarg sich ein Herz, zerrissen zwischen zwei Welten - ein Herz, zerrissen zwischen der Pflicht ihrer Familie und dem Verlangen nach einer Liebe, die niemals sein konnte.

In den verblassten Fotografien sah Liesl flüchtige Bilder einer jungen Amelie - eine strahlende Vision in Weiß, deren Hand in der eines attraktiven jungen Mannes mit Augen so blau wie der Rhein ruhte. Und in den Briefen, die auf dem Boden verstreut lagen, las Liesl die Worte einer verbotenen Romanze - einer Liebe, die es gewagt hatte, sich über die Konventionen der Gesellschaft hinwegzusetzen und den ultimativen Preis zu bezahlen.

Während Liesl immer tiefer in das Mysterium der Familienvergangenheit eintauchte, enthüllte sie Geheimnisse, die seit Generationen verborgen waren - Geheimnisse, die drohten, das Gewebe ihrer Existenz zu zerreißen. Doch mit jeder Enthüllung fand sie auch einen Hoffnungsschimmer - eine Hoffnung, die von Erlösung und Versöhnung flüsterte, von einer Zukunft, die aus den Trümmern der Vergangenheit geschmiedet wurde.

Mit neuer Entschlossenheit machte sich Liesl daran, die Wahrheit aufzudecken - sich den Geistern ihrer Familienvergangenheit zu stellen und sie für immer zur Ruhe zu bringen. Und als sie am Ufer des Rheins stand, ihr Herz schwer von der Last ihrer Entdeckungen, wusste sie, dass die Reise, die vor ihr lag, mit Gefahren gespickt sein würde.

Aber sie wusste auch, dass sie nicht allein war - dass irgendwo, zwischen den Flüstern des Flusses und den Schatten der Vergangenheit, der Schlüssel lag, um die Geheimnisse des Vermächtnisses ihrer Familie zu entschlüsseln. Und mit Mut in ihrem Herzen und dem Wind in ihrem Rücken machte sich Liesl von Berg auf ihre Reise - eine Reise, die sie zum Kern ihres Schicksals führen würde.

Whispers of the Rhine

Along the banks of the majestic Rhine River, nestled between vineyard-covered hills and ancient castles, there lay a quaint village known as Weidenbach. Its cobblestone streets wound their way through the town like meandering streams, lined with half-timbered houses adorned with colorful window boxes overflowing with blossoms of every hue.

At the heart of Weidenbach stood a grand mansion—a sprawling estate that had been home to the von Berg family for generations. With its ivy-covered walls and turrets reaching towards the sky, it was a testament to a bygone era of elegance and opulence.

But within the walls of the von Berg estate, a shadow lingered—a secret that had been buried for decades, waiting to be unearthed by those who dared to listen to the whispers of the past.

It was the summer of 1925 when young Liesl von Berg returned to Weidenbach after years spent studying abroad in Paris. With her porcelain skin and chestnut curls cascading down her back, she was the epitome of grace and sophistication—a vision of beauty that set tongues wagging and hearts aflutter.

But behind Liesl's radiant smile lay a world of uncertainty—a world shaped by secrets and lies that threatened to tear her family apart. For nestled within the depths of the von Berg estate lay a hidden chamber—a room locked away from prying eyes, its contents known only to a select few.

As Liesl settled back into life in Weidenbach, she couldn't shake the feeling that something was amiss—a sense of unease that gnawed at her like a ravenous beast. She found herself drawn to the hidden chamber, compelled by an unseen force that whispered to her in the dead of night.

With trembling hands, Liesl ventured into the depths of the mansion, following the winding corridors until she reached the door of the hidden chamber. With a deep breath, she turned the key, her heart pounding in her chest as she stepped into the darkness beyond.

Inside, the air was thick with the scent of dust and decay, the room shrouded in shadows that seemed to dance and flicker in the dim light. And there, amidst the gloom, Liesl discovered a treasure trove of memories—a collection of letters and photographs that told the story of her family's past.

As Liesl sifted through the artifacts of a bygone era, she pieced together the fragments of a puzzle—a puzzle that revealed the truth behind the von Berg family's darkest secret. It was a tale of forbidden love and betrayal, of sacrifices made in the name of honor and duty.

At the center of it all stood Liesl's grandmother, Amelie von Berg—a woman whose beauty had once captivated the hearts of all who beheld her. But behind her delicate facade lay a heart torn between two worlds—a heart torn between duty to her family and desire for a love that could never be.

In the faded photographs, Liesl saw glimpses of a young Amelie—a radiant vision in white, her hand clasped in that of a dashing young man with eyes as blue as the Rhine itself. And in the letters that lay scattered upon the floor, Liesl read the words of a forbidden romance—a love that had dared to defy the conventions of society and had paid the ultimate price.

As Liesl delved deeper into the mystery of her family's past, she uncovered secrets that had lain hidden for generations—secrets that threatened to tear apart the very fabric of her existence. But with each revelation, she also found a glimmer of hope—a hope that whispered of redemption and reconciliation, of a future forged from the ashes of the past.

With newfound determination, Liesl set out to uncover the truth—to confront the ghosts of her family's past and lay them to rest once and for all. And as she stood upon the banks of the Rhine, her heart heavy with the weight of her discoveries, she knew that the journey ahead would be fraught with peril.

But she also knew that she was not alone—that somewhere, amidst the whispers of the river and the shadows of the past, lay the key to unlocking the secrets of her family's legacy. And with courage in her heart and the wind at her back, Liesl von Berg set forth upon her quest—a quest that would lead her to the very heart of her destiny.

Das rätselhafte Verschwinden von Frau Schmidts Porzellan-Katze

Im charmanten Dorf Bad Wiessee, eingebettet neben den ruhigen Gewässern des Tegernsees, lebte eine Gemeinschaft exzentrischer Charaktere, deren Leben sich auf bezaubernde und unerwartete Weise kreuzten. Unter ihnen war Frau Gertrude Schmidt, eine Witwe in fortgeschrittenem Alter, deren Tage von sanften Routinen und gelegentlichen Aufregungen erfüllt waren.

Frau Schmidt lebte in einem malerischen Häuschen, das mit blumenbesetzten Fensterkästen geschmückt war, die von lebhaften Blüten überquollen und der ruhigen Landschaft einen Farbtupfer verliehen. Doch es war in ihrem gemütlichen Heim, wo die wahre Magie lag - eine Sammlung von Porzellanfiguren, die jede Oberfläche schmückten, jede einzelne sorgfältig arrangiert und gepflegt.

Im Zentrum von Frau Schmidts Sammlung stand eine prächtige Porzellan-Katze - eine majestätische Kreatur mit smaragdgrünen Augen und einem hochmütigen Ausdruck, der Aufmerksamkeit zu fordern schien. Sie war ein Geschenk von ihrem verstorbenen Ehemann, ein Zeichen ihrer gemeinsamen Liebe für alles Schöne und Seltene, und Frau Schmidt schätzte sie über alles.

Doch an einem schicksalhaften Morgen, als Frau Schmidt ihre täglichen Aufgaben erledigte, geschah das Unglück - die Porzellan-Katze verschwand spurlos, hinterließ nur einen leeren Platz auf dem Kaminsims und ein Gefühl der Unruhe, das sich wie ein schwerer Nebel legte.

Panisch vor Sorge durchsuchte Frau Schmidt ihr Häuschen nach ihrer geliebten Figur, kehrte es förmlich um in einem verzweifelten Versuch, ihren Verbleib aufzudecken. Aber egal, wo sie suchte, die Porzellan-Katze blieb verschwunden, als wäre sie vom Luftzug verschluckt worden.

Die Nachricht von Frau Schmidts Notlage verbreitete sich schnell im Dorf und rief sympathische Murmeln und Angebote der Hilfe von besorgten Nachbarn hervor. Unter ihnen war Herr Johann Müller, ein pensionierter Detektiv mit einem scharfen Blick für Details und einer Vorliebe für das Lösen von Rätseln.

Herr Müller hatte seinen Detektivhut längst an den Nagel gehängt und verbrachte seine Tage damit, sich um seinen Garten zu kümmern und seiner Leidenschaft für Amateurtheater nachzugehen. Aber als er von Frau Schmidts Notlage erfuhr, wusste er, dass er nicht untätig zuschauen konnte, während eine Mitbürgerin litt.

Bewaffnet mit nichts als seinem Scharfsinn und einem eisernen Willen, machte sich Herr Müller daran, das Rätsel um die verschwundene Porzellan-Katze zu lösen, seine vertrauensvolle Lupe in der Hand. Er durchsuchte jeden Zentimeter von Frau Schmidts Häuschen, untersuchte methodisch jede Ecke und jeden Winkel nach einem Zeichen von Fehlverhalten.

Aber als die Tage in Wochen vergingen und immer noch keine Spur von der Porzellan-Katze gefunden wurde, begann Herr Müller zu befürchten, dass das Rätsel ungelöst bleiben würde - ein verlockendes Rätsel, das ihn für den Rest seines Lebens verfolgen würde.

Gerade als alle Hoffnung verloren schien, ereignete sich ein Durchbruch - eine zufällige Begegnung mit einem verschmitzten Jungen namens Hansel, dessen Hang zum Unfug ihm den Ruf als Dorfschlawiner eingebracht hatte.

Hansel behauptete, in der Nacht des Verschwindens der Porzellan-Katze etwas Verdächtiges in den Schatten nahe Frau Schmidts Häuschen gesehen zu haben - eine schemenhafte Gestalt mit heimlichen Bewegungen und einem Funken Schalk in den Augen.

Intrigiert von der Aussage des Jungen, begann Herr Müller eine neue Linie der Untersuchung, seine Entschlossenheit durch das Versprechen einer neuen Spur neu entfacht. Zusammen mit Hansel durchkämmte er das Dorf nach Hinweisen, befragte jeden, der möglicherweise etwas Ungewöhnliches in jener Nacht gesehen oder gehört hatte.

Und dann, als sie es am wenigsten erwarteten, stießen sie auf einen Durchbruch - eine Spur von Pfotenabdrücken, die von Frau Schmidts Häuschen wegführten, ihre zarten Abdrücke in die weiche Erde geätzt wie ein Brotkrumenweg zur Wahrheit.

Den Pfotenabdrücken mit erneutem Elan folgend, fanden sich Herr Müller und Hansel am Rande des Dorfes wieder, wo sie auf eine versteckte Lichtung stießen, die in goldenes Sonnenlicht getaucht war. Und dort, zwischen dem dappled Schatten der Bäume, entdeckten sie die Quelle all ihrer Probleme - eine verschmitzte Bande von Waldbewohnern, angeführt von einem listigen Fuchs namens Fritz.

Es schien, als ob Fritz und seine Kumpane Gefallen an Frau Schmidts Porzellan-Katze gefunden hatten, sie irrtümlicherweise für eine echte Katze hielten und sie mitten in der Nacht mitgenommen hatten. Aber als Herr Müller den schlauen Fuchs zur Rede stellte, geschah etwas Bemerkenswertes - die Tiere gestanden ihre Tat, ihre schuldigen Ausdrücke schmolzen zu reumütigen Lächeln, als sie die Porzellan-Katze ihrer rechtmäßigen Besitzerin zurückgaben.

Überglücklich über die Wiederentdeckung ihrer geliebten Figur, begrüßte Frau Schmidt die irrenden Waldbewohner mit offenen Armen in ihrem Häuschen, bot ihnen eine warme Mahlzeit und einen sicheren Zufluchtsort vor den Gefahren der Außenwelt.

Und als die Sonne über Bad Wiessee unterging und einen warmen goldenen Schimmer auf das Dorf darunter warf, teilten Herr Müller und Hansel einen ruhigen Moment der Reflexion, ihre Herzen erfüllt von Dankbarkeit für die Bande der Freundschaft, die sie in ihrem Streben nach Wahrheit vereint hatte.

Denn am Ende war es nicht das Rätsel selbst, das am meisten zählte, sondern die Verbindungen, die sich dabei knüpften - das geteilte Lachen, die vergossenen Tränen und die Erinnerungen, die bleiben würden, lange nachdem die Porzellan-Katze ihren rechtmäßigen Platz auf Frau Schmidts Kaminsims wieder eingenommen hatte.

36

The Curious Case of Frau Schmidt's Porcelain Cat

In the charming village of Bad Wiessee, nestled beside the tranquil waters of Lake Tegernsee, there resided a community of eclectic characters whose lives intersected in delightful and unexpected ways. Among them was Frau Gertrude Schmidt, a widow of advancing years, whose days were filled with gentle routines and the occasional flutter of excitement.

Frau Schmidt lived in a quaint cottage adorned with flower-filled window boxes that spilled over with vibrant blooms, adding a splash of color to the serene landscape. But it was inside her cozy abode where the true magic lay—a collection of porcelain figurines that adorned every surface, each one meticulously arranged with care and reverence.

At the center of Frau Schmidt's collection stood a magnificent porcelain cat—a regal creature with emerald-green eyes and a haughty expression that seemed to demand attention. It had been a gift from her late husband, a token of their shared love for all things beautiful and rare, and Frau Schmidt cherished it above all else.

But one fateful morning, as Frau Schmidt went about her daily chores, disaster struck—the porcelain cat vanished without a trace, leaving behind only an empty space on the mantelpiece and a sense of unease that settled like a heavy fog.

Frantic with worry, Frau Schmidt searched high and low for her beloved figurine, turning her cottage upside down in a desperate bid to uncover its whereabouts. But no matter where she looked, the porcelain cat remained elusive, as if swallowed up by the very air itself.

Word of Frau Schmidt's plight spread quickly through the village, eliciting sympathetic murmurs and offers of assistance from her concerned neighbors. Among them was Herr Johann Müller, a retired detective with a keen eye for detail and a penchant for solving mysteries. Herr Müller had long since hung up his detective hat, content to spend his days tending to his garden and indulging in his passion for amateur dramatics. But when he caught wind of Frau Schmidt's predicament, he knew that he could not stand idly by while a fellow villager suffered.

Armed with nothing but his wits and a steely resolve, Herr Müller set out to unravel the mystery of the missing porcelain cat, his trusty magnifying glass in hand. He scoured every inch of Frau Schmidt's cottage, methodically examining each nook and cranny for any sign of foul play.

But as the days turned into weeks, and still no trace of the porcelain cat was found, Herr Müller began to fear that the mystery would remain unsolved—a tantalizing enigma that would haunt him for the rest of his days.

Just when all hope seemed lost, a breakthrough occurred—a chance encounter with a mischievous young boy named Hansel, whose penchant for mischief had earned him a reputation as the village troublemaker.

Hansel claimed to have seen something suspicious lurking in the shadows near Frau Schmidt's cottage on the night of the porcelain cat's disappearance—a shadowy figure with furtive movements and a glint of mischief in its eyes.

Intrigued by the boy's testimony, Herr Müller embarked on a new line of inquiry, his determination reignited by the promise of a fresh lead. Together with Hansel, he combed the village for clues, questioning anyone who might have seen or heard anything out of the ordinary on the night in question.

And then, just when they least expected it, they stumbled upon a breakthrough—a trail of paw prints leading away from Frau Schmidt's cottage, their delicate imprints etched into the soft earth like a breadcrumb trail leading to the truth.

Following the paw prints with renewed vigor, Herr Müller and Hansel found themselves on the outskirts of the village, where they stumbled upon a hidden glade bathed in golden sunlight. And there, amidst the dappled shade of the trees, they discovered the source of all their troubles—a mischievous band of woodland creatures led by a wily fox named Fritz.

It seemed that Fritz and his cohorts had taken a liking to Frau Schmidt's porcelain cat, mistaking it for a real feline and absconding with it in the dead of night. But as Herr Müller confronted the cunning fox, a remarkable thing happened—the animals confessed to their crime, their guilty expressions melting into remorseful smiles as they returned the porcelain cat to its rightful owner.

Overjoyed at the recovery of her beloved figurine, Frau Schmidt welcomed the wayward woodland creatures into her cottage with open arms, offering them a warm meal and a safe haven from the dangers of the outside world.

And as the sun set over Bad Wiessee, casting a warm golden glow upon the village below, Herr Müller and Hansel shared a quiet moment of reflection, their hearts filled with gratitude for the bonds of friendship that had united them in their quest for the truth.

For in the end, it was not the mystery itself that mattered most, but the connections forged along the way—the laughter shared, the tears shed, and the memories made that would endure long after the porcelain cat had found its rightful place upon Frau Schmidt's mantelpiece once more.

Die Zauberwelt von Wilhelms Wunderhaus

In der belebten Stadt Bremen, wo die Straßen vor Aktivität wimmelten und das Gelächter durch die Luft hallte, stand ein merkwürdiger Laden wie kein anderer. Er hieß "Wilhelms Wunderhaus" und war ein Ort, an dem sich Magie und Unfug auf entzückende und unerwartete Weise vermischten.

Im Besitz und betrieben von dem exzentrischen Wilhelm Müller, war das Wunderhaus ein Schatzhaus voller Seltsamkeiten und Kuriositäten, das die Vorstellungskraft aller, die es wagten, einzutreten, einfing. Von skurrilen Spielzeugen, die um Mitternacht zum Leben erwachten, bis hin zu verzauberten Kleinigkeiten, die Wünsche mit einem bloßen Flüstern erfüllten, gab es für jeden etwas in seinen Mauern.

Aber die wahre Magie von Wilhelms Wunderhaus lag nicht in seinen Waren, sondern in dem Mann hinter dem Ladentisch - eine fröhliche Gestalt mit einem Funkeln in den Augen und einem verschmitzten Grinsen, das nie zu verblassen schien. Mit seinem wilden Haarschopf und der bunten Weste war Wilhelm ein Anblick, den man bestaunen musste - eine lebende Verkörperung des Wunders und der Launenhaftigkeit, die seinen Laden durchdrangen.

Jeden Morgen würde Wilhelm die Türen des Wunderhauses mit einer Geste öffnen, die Kunden mit offenen Armen und einem herzhaften Lachen begrüßen, das durch die Straßen hallte. Und jeden Abend, wenn die Sonne unter den Horizont sank und der Mond hoch am Himmel stand, würde er sie mit einem Zwinkern und einem Winken verabschieden und versprechen, am nächsten Tag mit noch mehr Wundern zurückzukehren.

Unter Wilhelms treuesten Kunden war die junge Emilie Schneider, ein Mädchen mit großen Augen, das Abenteuer liebte und ein Talent für Unfug hatte. Mit ihrem zerzausten blonden Haar und den sommersprossigen Wangen war sie ein vertrauter Anblick im Wunderhaus, ihre Taschen randvoll mit Schätzen, die sie bei ihren Erkundungen erbeutet hatte.

Emilie fühlte sich schon immer von der Magie von Wilhelms Laden angezogen, bezaubert von seiner endlosen Vielfalt an Wundern und dem Versprechen von Abenteuern, die an jeder Ecke lauerten. Aber es war die mysteriöse verschlossene Tür hinten im Laden, die ihre Fantasie am meisten fesselte - eine Tür, von der Wilhelm behauptete, sie führe an den fantastischsten Ort überhaupt.

Jahrelang hatte Emilie Wilhelm angefleht und gebeten, die Tür zu öffnen und die Geheimnisse, die dahinter lagen, preiszugeben. Aber egal wie sehr sie es versuchte, er würde nur den Kopf schütteln und schmunzeln, sie mit Geschichten von Drachen und Einhörnern und fernen Ländern necken.

Aber Emilie ließ sich nicht von bloßen Hindernissen abhalten, und so, mit einem entschlossenen Glitzern in den Augen, machte sie sich daran, die Wahrheit selbst zu enthüllen. Mit Hilfe ihres treuen Begleiters - einem verschmitzten Eichhörnchen namens Klaus - schmiedete sie einen Plan, nach Ladenschluss in das Wunderhaus einzudringen und die mysteriöse Tür einmal und für alle zu öffnen.

Als Mitternacht näher rückte, schlichen Emilie und Klaus durch die Schatten, ihre Herzen vor Aufregung pochend, als sie sich dem hinteren Teil des Wunderhauses näherten. Mit zitternden Händen zog Emilie einen Satz gestohlener Schlüssel heraus und steckte sie ins Schloss, ihr Atem stockte, als sie den Griff mit einem Knarren drehte.

Und dann, mit einem Anflug von Vorfreude, drückte sie die Tür auf und trat ins Unbekannte, Klaus dicht auf ihren Fersen. Was sie auf der anderen Seite fanden, raubte ihnen den Atem - eine Welt des Wunders und der Magie, die sich vor ihnen ausbreitete wie ein wahr gewordener Traum.

Es war ein Ort endloser Möglichkeiten - ein Land von sprechenden Tieren und fliegenden Teppichen, von Schlössern in den Wolken und

Flüssen aus Schokolade. Überall, wohin sie auch blickten, fanden Emilie und Klaus Wunder, die ihre kühnsten Vorstellungen übertrafen, jedes einzelne außergewöhnlicher als das letzte.

Doch inmitten des Glanzes dieses verzauberten Reiches lauerte eine Dunkelheit - eine schemenhafte Gestalt, die nur als der Schattenmeister bekannt war und die die Magie von Wilhelms Wunderhaus zu seinen eigenen niederträchtigen Zwecken nutzen wollte.

Mit seiner Armee von dunklen Lakaien im Schlepptau führte der Schattenmeister Krieg gegen die Kräfte des Lichts und des Guten und drohte, die gesamte Welt in Dunkelheit zu stürzen. Und als Emilie und Klaus versuchten, ihn aufzuhalten, fanden sie sich in einem Kampf um die Seele des Wunderhauses selbst verwickelt.

Mit Tapferkeit in ihren Herzen und Magie an ihren Fingerspitzen traten Emilie und Klaus gegen den Schattenmeister in einem finalen Showdown an, der über das Schicksal des Wunderhauses und aller, die darin wohnten, entscheiden würde.

Und am Ende waren es nicht die Stärke ihrer Waffen oder die Macht ihrer Magie, die den Tag retteten, sondern die Bande der Freundschaft und der Glaube an das Unmögliche, die sie durchtrugen.

Als die Sonne wieder über Bremen aufging und ihre goldenen Strahlen auf die Straßen unten warf, stand Wilhelms Wunderhaus stolz und triumphierend da, seine Türen weit offen für alle, die Abenteuer und Wunder in der Welt suchten. Und innerhalb seiner Mauern wussten Emilie und Klaus, dass ihr größtes Abenteuer erst begonnen hatte.

The Whimsical World of Wilhelm's Wunderhaus

In the bustling city of Bremen, where the streets bustled with activity and laughter echoed through the air, there stood a curious shop unlike any other. It was called "Wilhelm's Wunderhaus," and it was a place where magic and mischief intertwined in delightful and unexpected ways.

Owned and operated by the eccentric Wilhelm Müller, the Wunderhaus was a treasure trove of oddities and curiosities that captured the imagination of all who dared to enter. From whimsical toys that came to life at the stroke of midnight to enchanted trinkets that granted wishes with a mere whisper, there was something for everyone within its walls.

But the true magic of Wilhelm's Wunderhaus lay not in its wares, but in the man behind the counter—a jolly figure with a twinkle in his eye and a mischievous grin that never seemed to fade. With his wild shock of hair and colorful waistcoat, Wilhelm was a sight to behold—a living embodiment of the wonder and whimsy that permeated his shop.

Every morning, Wilhelm would throw open the doors of the Wunderhaus with a flourish, welcoming customers with open arms and a hearty laugh that echoed through the streets. And every evening, as the sun dipped below the horizon and the moon rose high in the sky, he would bid them farewell with a wink and a wave, promising to return with even more marvels on the morrow.

Among Wilhelm's most loyal patrons was young Emilie Schneider, a wide-eyed girl with a love for adventure and a knack for getting into mischief. With her tousled blonde hair and freckled cheeks, she was a familiar sight in the Wunderhaus, her pockets filled to the brim with treasures gleaned from her explorations.

Emilie had always been drawn to the magic of Wilhelm's shop, enchanted by its endless array of wonders and the promise of adventure that lay around every corner. But it was the mysterious locked door at the back of the shop that captured her imagination most of all—a door that Wilhelm insisted led to the most fantastical place of all.

For years, Emilie had begged and pleaded with Wilhelm to unlock the door and reveal the secrets that lay beyond. But no matter how hard she tried, he would only shake his head and chuckle, teasing her with tales of dragons and unicorns and far-off lands.

But Emilie was not one to be deterred by mere obstacles, and so, with a determined glint in her eye, she set out to uncover the truth for herself. With the help of her faithful companion—a mischievous squirrel named Klaus—she devised a plan to sneak into the Wunderhaus after hours and unlock the mysterious door once and for all.

As midnight approached, Emilie and Klaus crept through the shadows, their hearts pounding with excitement as they approached the back of the Wunderhaus. With trembling hands, Emilie produced a set of stolen keys and inserted them into the lock, her breath catching in her throat as she turned the handle with a creak.

And then, with a rush of anticipation, she pushed open the door and stepped into the unknown, Klaus hot on her heels. What they found on the other side took their breath away—a world of wonder and magic that stretched out before them like a dream come true.

It was a place of endless possibility—a land of talking animals and flying carpets, of castles in the clouds and rivers of chocolate. Everywhere they looked, Emilie and Klaus found marvels beyond their wildest imagination, each one more extraordinary than the last.

But amidst the splendor of this enchanted realm, there lurked a darkness—a shadowy figure known only as the Shadow Master, who sought to bend the magic of Wilhelm's Wunderhaus to his own nefarious ends.

With his army of shadowy minions at his command, the Shadow Master waged war against the forces of light and goodness, threatening to engulf the entire world in darkness. And as Emilie and Klaus raced to stop him, they found themselves embroiled in a battle for the very soul of the Wunderhaus itself.

With bravery in their hearts and magic at their fingertips, Emilie and Klaus faced off against the Shadow Master in a final showdown that would determine the fate of the Wunderhaus and all who dwelled within.

And in the end, it was not the strength of their weapons or the power of their magic that saved the day, but the bonds of friendship and the belief in the impossible that carried them through.

As the sun rose over Bremen once more, casting its golden rays upon the streets below, Wilhelm's Wunderhaus stood proud and triumphant, its doors open wide to all who sought adventure and wonder in the world. And within its walls, Emilie and Klaus knew that their greatest adventure was only just beginning.

Der Weg ins Rheinland

Die Autobahn erstreckte sich vor ihnen wie ein endloses Band aus Asphalt, schlängelte sich durch die deutsche Landschaft mit einem Gefühl von Zweck und Entschlossenheit. Hinter dem Lenkrad eines ramponierten Volkswagen-Campingbusses waren Hans und Franz auf einer Entdeckungsreise - einer Reise, die sie von den belebten Straßen Berlins an die ruhigen Ufer des Rheins führen würde.

Hans war im Herzen ein Dichter, mit einer Liebe zu Worten und einer Sehnsucht nach Abenteuer, die in seiner Seele wie ein Flächenbrand brannte. Mit seinem zerzausten Haar und seinem sorglosen Lächeln war er ein freier Geist, unbeschwert von den Zwängen der Gesellschaft oder der Konvention. Und an seiner Seite war Franz, sein treuer Begleiter und Mitstreiter auf der Suche nach der Wahrheit, sein langer Bart und seine funkelnden Augen kennzeichneten ihn als Seelenverwandten in ihrem Streben nach Abenteuer.

Gemeinsam begaben sie sich auf ihre Odyssee, ihr Ziel unbekannt, aber ihre Stimmung hoch, als sie sich in das große Unbekannte aufmachten. Unterwegs trafen sie auf eine bunte Schar von Charakteren - exzentrische Dichter und wandernde Spielleute, Mystiker und Verrückte, von denen jeder seinen eigenen einzigartigen Beitrag zum Teppich ihrer Reise leistete.

Sie durchquerten die kurvenreichen Straßen des Schwarzwaldes, ihre Sinne lebendig vom Duft der Kiefern und dem Geräusch raschelnder Blätter. Sie tanzten unter den Sternen in rauchigen Tavernen und verloren sich im Rhythmus der Nacht, ihr Gelächter vermischte sich mit den Klängen von Akkordeon und Geige.

Sie schlenderten durch mittelalterliche Dörfer, die von Geschichte und Tradition durchdrungen waren, in denen alte Kathedralen wie Riesen gegen den Himmel aufragten und enge Kopfsteinpflasterstraßen mit den

Schritten vergangener Jahrhunderte widerhallten. Und sie bestaunten die Schönheit des Rheins, dessen Wasser in der Sonne schimmerte wie flüssiges Gold, während es sich durch die saftigen Täler und sanften Hügel des Rheinlands wand.

Doch trotz der Schönheit und des Wunders ihrer Reise gab es Momente der Dunkelheit - Momente, in denen die Straße vor ihnen schien sich endlos auszudehnen, und der Zweifel sich in ihre Herzen einschlich wie ein Dieb in der Nacht.

Es war während eines dieser Momente der Ungewissheit, dass Hans und Franz auf ein kleines Dorf stießen, das in den Ausläufern des Rheins eingebettet lag - ein Dorf, das eingefroren zu sein schien in der Zeit, dessen Bewohner ihr tägliches Leben mit einem Gefühl der stillen Resignation lebten.

Fasziniert von der Melancholie, die über dem Dorf wie ein Schleier lag, beschlossen Hans und Franz, weiter zu untersuchen, ihre Neugierde durch die Geheimnisse geweckt, die unter der Oberfläche verborgen lagen.

Sie entdeckten bald, dass das Dorf in schweren Zeiten war, seine einst blühenden Weinberge brach lagen und seine Bewohner kämpften, um über die Runden zu kommen. Und im Zentrum von allem war ein dunkles Geheimnis - ein Geheimnis, das das Dorf seit Generationen heimgesucht hatte, von Vater zu Sohn wie ein Fluch weitergegeben.

Die Legende besagte, dass tief unter den Weinbergen ein Schatz begraben lag - ein Schatz von unvorstellbarem Reichtum und Macht, bewacht von einem rachsüchtigen Geist, der vor nichts zurückschrecken würde, um seinen Hort vor denen zu schützen, die versuchten, ihn für sich zu beanspruchen.

Entschlossen, die Wahrheit aufzudecken, machten sich Hans und Franz daran, das Rätsel um das Leid des Dorfes zu lösen, ihre Schritte hallten durch die leeren Straßen, während sie der Spur von Hinweisen folgten, die sie immer näher an die Wahrheit führten.

Aber als sie tiefer in die Dunkelheit eindrangen, erkannten sie bald, dass sie nicht allein waren - jemand oder etwas beobachtete jede ihrer Bewegungen, lauerte im Schatten mit bösartiger Absicht.

Ungedämpft von den Gefahren, die an jeder Ecke lauerten, drängten Hans und Franz weiter, ihre Entschlossenheit wurde genährt von der Erkenntnis, dass sie kurz davor standen, die Wahrheit zu entdecken, die unter der Oberfläche verborgen lag.

Und dann, schließlich, fanden sie es - eine verborgene Kammer tief unter der Erde, deren Wände mit alten Runen und Symbolen bedeckt waren, die von unermesslichem Reichtum und unsäglichen Schrecken sprachen.

Und in seiner Mitte stand der Schatz - ein glitzernder Hort aus Gold und Edelsteinen, der im gedämpften Licht wie ein Leuchtfeuer in der Dunkelheit funkelte.

Aber als sie danach griffen, wurden sie mit dem rachsüchtigen Geist konfrontiert, der den Schatz seit Jahrhunderten bewacht hatte - eine gespenstische Gestalt mit Augen wie brennende Kohlen und einer Stimme, die ihnen das Blut in den Adern gefrieren ließ.

Mit einem mächtigen Brüllen stürzte sich der Geist auf sie herab, seine gespenstische Gestalt wand sich in der Dunkelheit, während er seine Wut über die Eindringlinge entfesselte. Aber Hans und Franz blieben standhaft, ihre Herzen erfüllt von Mut und ihre Geister ungebrochen, als sie ihrer bisher größten Herausforderung gegenüberstanden.

Mit einem letzten Kraftaufwand verbannten sie den Geist zurück in die Tiefen, aus denen er gekommen war, sein Klagen hallte durch die Kammer wie eine klagende Totenmesse, als er in der Äther verschwand.

Und als sie aus der Dunkelheit auftauchten, ihre Körper gezeichnet und zerschlagen, aber ihre Geister hoch in der Luft schwebten, wussten Hans und Franz, dass sie erreicht hatten, was sie erreichen wollten - sie hatten die Wahrheit aufgedeckt, die unter der Oberfläche verborgen lag, und dadurch das Dorf von den Fesseln seiner Vergangenheit befreit.

The Road to Rhineland

The highway stretched out before them like an endless ribbon of asphalt, winding its way through the German countryside with a sense of purpose and determination. Behind the wheel of a battered Volkswagen camper van, Hans and Franz were on a journey of discovery—a journey that would take them from the bustling streets of Berlin to the tranquil banks of the Rhine.

Hans was a poet at heart, with a love for words and a wanderlust that burned like a wildfire in his soul. With his tousled hair and carefree smile, he was a free spirit, unencumbered by the constraints of society or convention. And by his side was Franz, his faithful companion and fellow seeker of truth, his long beard and twinkling eyes marking him as a kindred spirit in their quest for adventure.

Together, they embarked on their odyssey, their destination unknown but their spirits high as they set out into the great unknown. Along the way, they encountered a colorful cast of characters—eccentric poets and wandering minstrels, mystics and madmen, each one adding their own unique flavor to the tapestry of their journey.

They traversed the winding roads of the Black Forest, their senses alive with the scent of pine and the sound of rustling leaves. They danced beneath the stars in smoky taverns and lost themselves in the rhythm of the night, their laughter mingling with the strains of accordion and fiddle.

They wandered through medieval villages steeped in history and tradition, where ancient cathedrals loomed like giants against the sky and narrow cobblestone streets echoed with the footsteps of centuries past. And they marveled at the beauty of the Rhine, its waters shimmering in the sunlight like liquid gold as it wound its way through the verdant valleys and rolling hills of the Rhineland.

But amidst the beauty and wonder of their journey, there were moments of darkness—moments when the road seemed to stretch out before them with no end in sight, and doubt crept into their hearts like a thief in the night.

It was during one of these moments of uncertainty that Hans and Franz stumbled upon a small village nestled in the foothills of the Rhine—a village that seemed to have been frozen in time, its inhabitants going about their daily lives with a sense of quiet resignation.

Intrigued by the air of melancholy that hung over the village like a shroud, Hans and Franz decided to investigate further, their curiosity piqued by the mysteries that lay hidden beneath the surface.

They soon discovered that the village had fallen on hard times, its once-prosperous vineyards lying fallow and its people struggling to make ends meet. And at the heart of it all was a dark secret—a secret that had haunted the village for generations, passed down from father to son like a curse.

Legend had it that buried deep beneath the vineyards lay a treasure—a treasure of unimaginable wealth and power, guarded by a vengeful spirit that would stop at nothing to protect its hoard from those who sought to claim it for their own.

Determined to uncover the truth, Hans and Franz set out to unravel the mystery of the village's plight, their footsteps echoing through the empty streets as they followed the trail of clues that led them ever closer to the truth.

But as they delved deeper into the darkness, they soon realized that they were not alone—someone, or something, was watching their every move, lurking in the shadows with malevolent intent.

Undeterred by the dangers that lurked around every corner, Hans and Franz pressed on, their determination fueled by the knowledge that they were on the brink of discovering the truth that lay hidden beneath the surface.

And then, at last, they found it—a hidden chamber buried deep beneath the earth, its walls lined with ancient runes and symbols that spoke of untold riches and unspeakable horrors. And at its center stood the treasure—a glittering hoard of gold and jewels that gleamed in the dim light like a beacon of hope in the darkness.

But as they reached out to claim their prize, they were confronted by the vengeful spirit that had guarded the treasure for centuries—a spectral figure with eyes like burning coals and a voice that chilled them to the bone.

With a mighty roar, the spirit descended upon them, its ghostly form twisting and writhing in the darkness as it unleashed its fury upon the intruders. But Hans and Franz stood firm, their hearts filled with courage and their spirits unbroken as they faced their greatest challenge yet.

With a final burst of strength, they banished the spirit back to the depths from whence it came, its wails echoing through the chamber like a mournful dirge as it vanished into the ether.

And as they emerged from the darkness, their bodies bruised and battered but their spirits soaring high, Hans and Franz knew that they had achieved what they had set out to do—they had uncovered the truth that lay hidden beneath the surface, and in doing so, they had freed the village from the shackles of its past.

Sprechen Sie Liebe?

In den belebten Straßen von München, wo der Duft von Brezeln mit dem Klang von Gelächter verschmolz, lebte eine junge Frau namens Anna Müller. Mit ihrem fließenden blonden Haar und den funkelnden blauen Augen war sie das Bild von Raffinesse und Anmut - eine moderne Audrey Hepburn in einer Welt voller gewöhnlicher Sterblicher.

Anna hatte immer an die Kraft der Liebe geglaubt und davon geträumt, den Tag zu erleben, an dem sie ihren Prinzen finden und mit ihm auf einem weißen Pferd in den Sonnenuntergang reiten würde. Doch mit den Jahren verging und ihre Suche nach der wahren Liebe keine Ergebnisse brachte, begann sie zu zweifeln, ob sie jemals das langersehnte "happily ever after" finden würde.

Es war an einem regnerischen Nachmittag im September, dass Annas Leben eine unerwartete Wendung nahm - eine zufällige Begegnung in einem malerischen Café im Herzen der Stadt, wo sie auf einen geheimnisvollen Fremden stieß, der mit einem Funkeln in den Augen und einem Lächeln, das ihr Herz schmelzen ließ.

Sein Name war Max, und von dem Moment an, als sich ihre Blicke in dem überfüllten Raum trafen, wusste Anna, dass er anders war als alle, die sie je zuvor getroffen hatte. Mit seinem zerzausten braunen Haar und seiner unkomplizierten Art strahlte er eine Wärme und einen Charme aus, die sie wie ein Magnet anzogen.

Als sie bei einer Tasse Kaffee saßen und Geschichten austauschten, fühlte sich Anna, als würde sie unter Max' Bann geraten, gefesselt von seinen Abenteuergeschichten und Intrigen. Und als er sie bat, mit ihm durch den berühmten Englischen Garten der Stadt zu spazieren, konnte sie nicht anders, als zuzustimmen, ihr Herz flatterte vor Aufregung.

Mit jedem Schritt, den sie unternahmen, kamen sich Anna und Max näher, ihr Lachen vermischte sich mit dem Rascheln der Blätter und dem sanften Summen der Stadt um sie herum. Und während sie durch die verschlungenen Pfade und verborgenen Nischen des Gartens wanderten, spürte Anna ein Gefühl der Zugehörigkeit, das sie noch nie zuvor erlebt hatte - eine Verbindung, die Worte überstieg und sie auf eine Weise miteinander verband, die sie kaum begreifen konnte.

Doch gerade als Anna zu hoffen wagte, dass sie endlich die Liebe gefunden hatte, nach der sie gesucht hatte, drohte ein Schatten aus Max' Vergangenheit, ihre aufkeimende Romanze zu gefährden - ein Geheimnis, das sie auseinanderzureißen drohte, bevor sie überhaupt begonnen hatte.

Es schien, als wäre Max nicht der, für den er sich ausgab - eine Tatsache, die Anna an einem schicksalhaften Abend entdeckte, als sie ihn in einen hitzigen Streit mit einer mysteriösen Frau vor einer spärlich beleuchteten Bar verwickelt vorfand.

Gekränkt und betrogen konfrontierte Anna Max und verlangte Antworten auf die Fragen, die in ihrer Seele brannten. Und als er die Wahrheit über seine Vergangenheit gestand - eine Vergangenheit, die von Herzschmerz und Bedauern gezeichnet war - fand sie sich zwischen der Liebe, die sie für ihn empfand, und dem Schmerz seiner Täuschung zerrissen.

Aber trotz der Hindernisse, die sich ihnen in den Weg stellten, weigerten sich Anna und Max, ihre Liebe aufzugeben, entschlossen, für das Glück zu kämpfen, von dem sie wussten, dass es in ihrer Reichweite lag. Mit Ehrlichkeit und Verständnis navigierten sie durch das steinige Gelände ihrer Beziehung und bauten eine Grundlage des Vertrauens und des gegenseitigen Respekts auf, die sie durch die dunkelsten Zeiten tragen würden.

Und am Ende war es ihr unerschütterlicher Glaube an die Kraft der Liebe, der über die Widrigkeiten triumphierte und sie näher zusammenbrachte, als sie es sich jemals zu träumen gewagt hatten. Als sie Hand in Hand unter den funkelnden Sternen standen, umgeben von der Schönheit der Stadt, die sie ihr Zuhause nannten, wussten Anna und

Max, dass sie ihr "happily ever after" gefunden hatten - eine Liebe, die den Test der Zeit bestehen und für die Ewigkeit bestehen würde.

In the bustling streets of Munich, where the scent of pretzels mingled with the sound of laughter, there lived a young woman named Anna Müller. With her flowing blonde hair and sparkling blue eyes, she was the picture of sophistication and grace—a modern-day Audrey Hepburn in a world filled with ordinary mortals.

Anna had always believed in the power of love, dreaming of the day when she would find her Prince Charming and ride off into the sunset on a white horse. But as the years passed and her search for true love yielded no results, she began to wonder if she would ever find the happily ever after she so desperately desired.

It was on a rainy afternoon in September that Anna's life took an unexpected turn—a chance encounter in a quaint café nestled in the heart of the city, where she stumbled upon a mysterious stranger with a twinkle in his eye and a smile that melted her heart.

His name was Max, and from the moment their eyes met across the crowded room, Anna knew that he was different from anyone she had ever met before. With his tousled brown hair and easygoing demeanor, he exuded a sense of warmth and charm that drew her in like a moth to a flame.

As they sat sipping coffee and sharing stories, Anna felt herself falling under Max's spell, captivated by his tales of adventure and intrigue. And when he asked her to join him for a stroll through the city's famed English Garden, she couldn't help but say yes, her heart aflutter with anticipation.

With each step they took, Anna and Max grew closer, their laughter mingling with the rustle of leaves and the gentle hum of the city around them. And as they wandered through the winding paths and hidden alcoves of the garden, Anna felt a sense of belonging that she had never experienced before—a sense of connection that transcended words and bound them together in ways she could scarcely comprehend.

But just as Anna dared to hope that she had finally found the love she had been searching for, a shadow from Max's past threatened to derail their blossoming romance—a secret that threatened to tear them apart before they had even begun.

It seemed that Max was not who he appeared to be—a fact that Anna discovered one fateful evening as she stumbled upon him locked in a heated argument with a mysterious woman outside a dimly lit bar.

Heartbroken and betrayed, Anna confronted Max, demanding answers to the questions that burned within her soul. And as he confessed the truth of his past—a past marked by heartache and regret—she found herself torn between the love she felt for him and the pain of his deception.

But despite the obstacles that lay before them, Anna and Max refused to give up on their love, determined to fight for the happiness they knew was within their grasp. With honesty and understanding, they navigated the rocky terrain of their relationship, building a foundation of trust and mutual respect that would carry them through the darkest of times.

And in the end, it was their unwavering belief in the power of love that triumphed over adversity, bringing them closer together than they had ever dared to dream possible. As they stood hand in hand beneath the twinkling stars, surrounded by the beauty of the city they called home, Anna and Max knew that they had found their happily ever after—a love that would stand the test of time and endure for all eternity.

Das rätselhafte Rätsel des Schokoladenkenners

In der charmanten Stadt Rothenburg ob der Tauber, eingebettet zwischen sanften Hügeln und malerischen Weinbergen, lebte ein Mann namens Herr Heinrich Schokoladen, der im ganzen Land als der größte Chocolatier Deutschlands bekannt war. Mit seinen buschigen Augenbrauen und seinem schelmischen Grinsen war Herr Schokoladen eine lebensgroße Figur, seine Schokoladenkreationen Legenden.

Aber Herr Schokoladen war nicht einfach irgendein Chocolatier - er war ein Meister seines Fachs, ein Zauberer von Aromen und Texturen, der die bescheidene Kakaobohne in essbare Kunstwerke verwandeln konnte, die die Sinne erfreuten und die Fantasie fesselten.

Sein Geschäft, das "Herrn Schokoladens Schokoladen-Imperium" war ein wahrer Süßwarenladen, dessen Regale überquollen von einer Vielzahl von Süßigkeiten, die von klassisch bis avantgardistisch reichten. Von cremiger Milchschokolade bis zu dekadenten Pralinen gefüllt mit Likör gab es für jeden Gaumen etwas in seinen Wänden.

Doch inmitten des Meeres köstlicher Leckereien gab es eine Kreation, die sich vor allen anderen hervortat - eine Schokolade, die so exquisit, so göttlich war, dass Herr Schokoladen den begehrten Titel "Schokoladenkenner des Jahres" fünf Jahre hintereinander verliehen bekam.

Sie hieß "Das rätselhafte Rätsel" und soll über mystische Kräfte verfügen, die über das Verständnis sterblicher Menschen hinausgehen. Aus einem geheimen Rezept, das über Generationen weitergegeben wurde, war das rätselhafte Rätsel eine Schokolade wie keine andere - eine verlockende Mischung aus Aromen und Texturen, die diejenigen, die sie probierten, sprachlos vor Staunen zurückließen.

Doch trotz seiner Beliebtheit blieb das rätselhafte Rätsel in Geheimnis gehüllt, seine Zutaten kannte nur Herr Schokoladen selbst. Viele hatten versucht, sein Rezept zu replizieren, aber keiner war erfolgreich, denn das Geheimnis seiner Kreation wurde enger bewacht als die Kronjuwelen.

Zu denen, die das rätselhafte Rätsel über alles begehrten, gehörte eine rivalisierende Chocolatière namens Frau Helga Bitterfeld, deren Eifersucht wie ein Feuer in ihr loderte. Mit ihrer scharfen Zunge und ihrem noch schärferen Witz war Frau Bitterfeld eine Macht, mit der man rechnen musste, ihre Schokoladenkreationen eine blasse Kopie der Meisterwerke von Herrn Schokoladen.

Entschlossen, das Geheimnis des rätselhaften Rätsels aufzudecken und es für sich zu beanspruchen, schmiedete Frau Bitterfeld einen ausgeklügelten Plan - einen Plan so hinterhältig, so teuflisch, dass er das gesamte Reich von Herrn Schokoladen bis ins Mark erschüttern würde.

Unter dem Schutz der Dunkelheit schlich Frau Bitterfeld in Herrn Schokoladens Schokoladen-Imperium, ihr Herz klopfte vor Aufregung, als sie nach dem verborgenen Tresor suchte, in dem das Rezept des rätselhaften Rätsels verschlossen war.

Aber kurz bevor sie das Geheimnis, das sie so verzweifelt gesucht hatte, entdecken konnte, wurde sie von einem Geräusch überrascht - einem leisen Rascheln, das durch das leere Geschäft hallte wie eine Warnung. Und bevor sie reagieren konnte, stand sie plötzlich Herrn Schokoladen gegenüber, seine Augen funkelten vor Wut und Verrat.

Mit einem triumphierenden Grinsen offenbarte Frau Bitterfeld ihre wahren Absichten und verspottete Herrn Schokoladen mit ihrem Wissen über sein am besten gehütetes Geheimnis. Doch zu ihrer Überraschung lachte er einfach, sein Gelächter hallte durch das Geschäft wie das Läuten von Kirchenglocken an einem Sonntagmorgen.

"Du denkst, du kannst mich überlisten, meine liebe Frau Bitterfeld?" sagte Herr Schokoladen, seine Stimme triefend vor Amüsement. "Du unterschätzt die Macht des rätselhaften Rätsels - es ist kein Rezept, das gestohlen werden kann, sondern ein Geschenk, das mit der Welt geteilt werden soll."

Und mit einer Handbewegung enthüllte Herr Schokoladen die Wahrheit - das Geheimnis des rätselhaften Rätsels lag nicht in seinen Zutaten, sondern in der Liebe und Leidenschaft, mit der es kreiert wurde. Es war eine Schokolade, die nicht aus Gier oder Neid geboren wurde, sondern aus Freude und Großzügigkeit - eine Schokolade, die die Menschen zusammenbrachte und ihre Herzen mit Glück erfüllte.

Von Scham und Reue überwältigt, fiel Frau Bitterfeld auf die Knie, ihre Augen voller Tränen, als sie um Vergebung flehte. Und in diesem Moment erkannte sie die Torheit ihrer Wege und schwor, ihre bösen Wege zu bessern und in die Fußstapfen von Herrn Schokoladen zu treten, als Verbreiterin von Süße und Licht.

Und als die Sonne über Rothenburg ob der Tauber aufging und ihre goldenen Strahlen auf die Stadt darunter warfen, standen Herr Schokoladen und Frau Bitterfeld Seite an Seite, ihre Unterschiede vergessen im Glanz der neu gefundenen Freundschaft und des gegenseitigen Respekts. Denn am Ende war es nicht das rätselhafte Rätsel selbst, das am meisten zählte, sondern die Lektionen, die es lehrte, und die Bindungen, die es zwischen denen schmiedete, die es wagten, von einer süßeren, köstlicheren Welt zu träumen.

The Enigmatic Enigma of the Chocolate Connoisseur

In the charming town of Rothenburg ob der Tauber, nestled amidst rolling hills and picturesque vineyards, there lived a man named Herr Heinrich Schokoladen, renowned throughout the land as the greatest chocolatier in all of Germany. With his bushy eyebrows and mischievous grin, Herr Schokoladen was a larger-than-life figure, his chocolate creations the stuff of legend.

But Herr Schokoladen was not just any chocolatier—he was a master of the art, a magician of flavors and textures who could transform the humble cocoa bean into works of edible art that delighted the senses and captivated the imagination.

His shop, "Herr Schokoladen's Chocolate Emporium," was a veritable wonderland of sweet delights, its shelves overflowing with an array of confections that ranged from the classic to the avant-garde. From creamy milk chocolates to decadent truffles filled with liqueur, there was something for every palate within its walls.

But amidst the sea of delectable treats, there was one creation that stood out above all others—a chocolate so exquisite, so divine, that it had earned Herr Schokoladen the coveted title of "Chocolate Connoisseur of the Year" for five years running.

It was called the "Enigmatic Enigma," and it was said to possess mystical powers beyond the comprehension of mortal men. Made from a secret recipe handed down through generations, the Enigmatic Enigma was a chocolate unlike any other—a tantalizing blend of flavors and textures that left those who tasted it speechless with wonder.

But despite its popularity, the Enigmatic Enigma remained shrouded in mystery, its ingredients known only to Herr Schokoladen himself. Many had tried to replicate its recipe, but none had succeeded, for the secret of its creation was guarded more closely than the crown jewels.

Among those who coveted the Enigmatic Enigma above all others was a rival chocolatier named Frau Helga Bitterfeld, whose jealousy burned like a fire in her belly. With her sharp tongue and even sharper wit, Frau Bitterfeld was a force to be reckoned with, her chocolate creations a pale imitation of Herr Schokoladen's masterpieces.

Determined to uncover the secret of the Enigmatic Enigma and claim it for her own, Frau Bitterfeld hatched a cunning plan—a plan so devious, so diabolical, that it would shake the very foundations of Herr Schokoladen's empire to its core.

Under the cover of darkness, Frau Bitterfeld crept into Herr Schokoladen's Chocolate Emporium, her heart pounding with anticipation as she searched for the hidden vault where the recipe for the Enigmatic Enigma lay locked away.

But just as she was on the verge of discovering the secret she so desperately sought, she was startled by a noise—a soft rustling sound that echoed through the empty shop like a warning bell. And before she could react, she found herself face to face with Herr Schokoladen himself, his eyes flashing with anger and betrayal.

With a triumphant grin, Frau Bitterfeld revealed her true intentions, taunting Herr Schokoladen with her knowledge of his most closely guarded secret. But to her surprise, he simply chuckled, his laughter echoing through the shop like the pealing of church bells on a Sunday morning.

"You think you can outwit me, my dear Frau Bitterfeld?" Herr Schokoladen said, his voice dripping with amusement. "You underestimate the power of the Enigmatic Enigma—it is not a recipe to be stolen, but a gift to be shared with the world."

And with a wave of his hand, Herr Schokoladen revealed the truth—the secret of the Enigmatic Enigma was not in its ingredients, but in the love and passion with which it was created. It was a chocolate born not of greed or envy, but of joy and generosity—a chocolate that brought people together and filled their hearts with happiness.

Overcome with shame and remorse, Frau Bitterfeld fell to her knees, her eyes brimming with tears as she begged for forgiveness. And in that moment, she realized the folly of her ways, vowing to mend her wicked ways and follow in Herr Schokoladen's footsteps as a purveyor of sweetness and light.

And as the sun rose over Rothenburg ob der Tauber, casting its golden rays upon the town below, Herr Schokoladen and Frau Bitterfeld stood side by side, their differences forgotten in the glow of newfound friendship and mutual respect. For in the end, it was not the Enigmatic Enigma itself that mattered most, but the lessons it taught and the bonds it forged between those who dared to dream of a sweeter, more delicious world.

Schatten im Weinberg

Im verschlafenen Dorf Weingarten, eingebettet zwischen den sanften Hügeln und üppigen Weinbergen des Moseltals, lebte eine Frau namens Liesl Bauer. Mit ihrem silbernen Haar und ihren durchdringend blauen Augen war Liesl eine Figur ruhiger Stärke und Widerstandsfähigkeit - eine Säule der Gemeinschaft, deren Präsenz von allen, die sie kannten, gespürt wurde.

Liesl hatte ihr ganzes Leben lang in Weingarten gelebt, ihre Wurzeln tief in der fruchtbaren Erde des Tals verankert, wo ihre Familie seit Generationen die Weinberge bewirtschaftet hatte. Doch unter ihrer ruhigen Oberfläche lag eine bewegte Vergangenheit - eine Vergangenheit, geprägt von Geheimnissen und Bedauern, Schatten, die in den Ecken ihres Geistes wie Geister aus einer anderen Zeit lauerten.

Es war an einem warmen Sommerabend, als Liesl einen unerwarteten Besucher erhielt - ein Fremder mit einem gequälten Blick in den Augen und einer Geschichte, die sie bis ins Mark erschüttern würde. Sein Name war Heinrich, und er behauptete, der Sohn von Liesls lange verlorener Schwester zu sein - einer Schwester, von der sie geglaubt hatte, dass sie seit über dreißig Jahren tot sei.

Als Liesl Heinrichs Geschichte des Verrats und der Erlösung lauschte, spürte sie einen Funken Hoffnung in sich aufkeimen - einen Hauch von Möglichkeit, der drohte, die sorgfältig errichteten Mauern um ihr Herz zu entwirren. Jahrelang hatte sie ihre Geheimnisse mit eiserner Entschlossenheit gehütet, aus Angst, sich den Schatten ihrer Vergangenheit und dem Schmerz, den sie mit sich brachten, zu stellen.

Doch nun, konfrontiert mit der Wahrheit über die Existenz ihrer Schwester, wusste Liesl, dass sie sich nicht länger vor den Schatten verstecken konnte, die ihre Träume heimsuchten. Mit Heinrichs Hilfe begann sie eine Entdeckungsreise - eine Reise, die sie tief in die

Geschichte ihrer Familie führen und Geheimnisse ans Licht bringen würde, die lange unter der Oberfläche verborgen waren.

Gemeinsam tauchten Liesl und Heinrich in die Archive von Weingarten ein, durchforsteten alte Aufzeichnungen und verstaubte Bücher für Hinweise auf das Rätsel des Verschwindens von Liesls Schwester. Und während sie durch die Fragmente der Vergangenheit blätterten, enthüllten sie eine Geschichte von Liebe und Verlust, Verrat und Erlösung, die Generationen umspannte.

Es schien, als ob Liesls Schwester Eva sich in einen jungen Mann aus einem rivalisierenden Weingut verliebt hatte - eine verbotene Romanze, die ihre Familien auseinander riss und zu Evas Verschwinden am Vorabend ihres Hochzeitstages führte. Jahrelang hatte Liesl geglaubt, dass ihre Schwester tragisch gestorben war, ihr Körper verloren in den Tiefen des Flusses, der durch das Tal floss.

Doch nun, da sich die Puzzleteile zusammenfügten, begann Liesl zu vermuten, dass Evas Schicksal weitaus düsterer gewesen sein könnte, als sie es sich je vorgestellt hatte. Und während sie tiefer in das Geheimnis eindrang, enthüllte sie ein Netzwerk aus Täuschung und Verrat, das sich durch die Generationen zog und ihre Familie mit einem dunklen Geheimnis verband, das alles bedrohte, was ihr lieb war.

Mit jeder Enthüllung spürte Liesl, wie ihre Welt um sie herum auseinanderfiel, ihr Gefühl der Identität bis ins Mark erschüttert. Aber sie weigerte sich, die Hoffnung aufzugeben, entschlossen, die Wahrheit um jeden Preis ans Licht zu bringen.

Und so, bewaffnet mit nichts als ihrem Mut und ihrer Entschlossenheit, machte sich Liesl auf, den Schatten ihrer Vergangenheit zu konfrontieren - den Dämonen, die sie so lange gequält hatten, und sie ein für alle Mal zur Ruhe zu bringen.

Als sie am Ufer des Flusses stand, der das Leben ihrer Schwester so viele Jahre zuvor gefordert hatte, spürte Liesl eine W
elle des Friedens über sich kommen - ein Gefühl der Versöhnung, das sie für unmöglich gehalten hatte zu erreichen. Und während sie ihren

Blick über die schimmernden Gewässer schweifen ließ, wusste sie, dass sie endlich frei war von den Schatten, die sie so lange gefangen gehalten hatten.

Shadows in the Vineyard

In the sleepy village of Weingarten, nestled among the rolling hills and lush vineyards of the Mosel Valley, there lived a woman named Liesl Bauer. With her silver hair and piercing blue eyes, Liesl was a figure of quiet strength and resilience—a pillar of the community whose presence was felt by all who knew her.

Liesl had lived in Weingarten all her life, her roots running deep in the fertile soil of the valley, where her family had tended the vineyards for generations. But beneath her calm exterior lay a tumultuous past—a past marked by secrets and regrets, shadows that lingered in the corners of her mind like ghosts from another time.

It was a warm summer's evening when Liesl received an unexpected visitor—a stranger with a haunted look in his eyes and a story to tell that would shake her to the core. His name was Heinrich, and he claimed to be the son of Liesl's long-lost sister—a sister she had believed to be dead for over thirty years.

As Liesl listened to Heinrich's tale of betrayal and redemption, she felt a spark of hope ignite within her—a glimmer of possibility that threatened to unravel the carefully constructed walls around her heart. For years, she had guarded her secrets with a fierce determination, afraid to confront the ghosts of her past and the pain they brought with them.

But now, faced with the truth of her sister's existence, Liesl knew that she could no longer hide from the shadows that haunted her dreams. With Heinrich's help, she embarked on a journey of discovery—a journey that would take her deep into the heart of her family's history and uncover secrets long buried beneath the surface.

Together, Liesl and Heinrich delved into the archives of Weingarten, scouring old records and dusty ledgers for clues to the mystery of Liesl's sister's disappearance. And as they sifted through the fragments of the past, they uncovered a tale of love and loss, betrayal and redemption that spanned generations.

It seemed that Liesl's sister, Eva, had fallen in love with a young man from a rival vineyard—a forbidden romance that had torn their families apart and led to Eva's disappearance on the eve of her wedding day. For years, Liesl had believed that her sister had died tragically, her body lost to the depths of the river that flowed through the valley.

But now, as the pieces of the puzzle fell into place, Liesl began to suspect that Eva's fate might have been far more sinister than she had ever imagined. And as she delved deeper into the mystery, she uncovered a web of deceit and betrayal that stretched back through the generations, linking her family to a dark secret that threatened to destroy everything she held dear.

With each revelation, Liesl felt her world unraveling around her, her sense of identity shaken to its core. But she refused to give up hope, determined to uncover the truth no matter the cost.

And so, armed with nothing but her courage and determination, Liesl set out to confront the shadows of her past—to face the demons that had haunted her for so long and lay them to rest once and for all.

As she stood on the banks of the river that had claimed her sister's life so many years before, Liesl felt a sense of peace wash over her—a sense of closure that she had thought impossible to attain. And as she cast her gaze out across the shimmering waters, she knew that she was finally free from the shadows that had held her captive for so long.

In meinem Herzen

Die Straßen von Berlin waren ein Labyrinth aus Schatten und Flüstern, wo die Echos der Vergangenheit durch die Kopfsteinpflastergassen und verblassten Fassaden hallten. Unter den Menschenmengen, die ihre verschlungenen Wege durchstreiften, war eine Frau namens Ingrid Müller, deren Schritte eine stumme Klage für all das waren, was im Tumult des Krieges und des Umbruchs verloren gegangen war.

Ingrid war eine Frau voller Widersprüche - eine Seele, zerrissen zwischen der Verheißung der Zukunft und dem Gewicht der Vergangenheit, ihr Herz ein Schlachtfeld, auf dem Liebe und Sehnsucht einen ewigen Krieg führten. Mit ihrem dunklen Haar zu einem einfachen Knoten gebunden und ihren Augen von Trauer verdunkelt, bewegte sie sich durch die Welt wie ein Geist, ihre Anwesenheit spürbar, aber nie ganz gesehen.

In einer von Konflikten zerrissenen Welt geboren, hatte Ingrid in ihrem Leben wenig Frieden gekannt. Ihre Kindheit war ein Wirbelwind aus Luftangriffen und Rationierung gewesen, ihre Jugend ein Nebel aus Ungewissheit und Angst. Doch trotz des Chaos und der Verzweiflung gab es Momente flüchtiger Schönheit - ein gestohlener Kuss im Schatten eines zerstörten Gebäudes, ein geflüstertes Versprechen im flackernden Schein einer Kerze.

Und dann, so plötzlich wie es begonnen hatte, endete der Krieg, hinterließ eine zerschlagene Welt und ein gebrochenes Volk, das damit kämpfte, sein Leben aus den Trümmern wieder aufzubauen. Für Ingrid brachte das Ende des Krieges wenig Erleichterung, ihre Träume von einer besseren Zukunft zerstört durch die harten Realitäten des Nachkriegsdeutschlands.

Doch trotz der Trümmer und des Ruins gab es immer noch Hoffnung - eine flackernde Flamme, die sich weigerte zu erlöschen, egal wie stark die Winde des Wandels bliesen. Und es war in diesem zerbrechlichen

Moment des Übergangs, dass sich Ingrid zum Herzen Berlins hingezogen fühlte - einer Stadt im Wandel, wo die alte Welt auf die neue traf und die Echos der Vergangenheit sich mit der Verheißung der Zukunft vermischten.

Hier, inmitten der bröckelnden Gebäude und belebten Straßen, traf Ingrid einen Mann, der ihr Leben für immer verändern würde - einen Mann mit Augen wie Gewitterwolken und einem Lächeln, das sie bis ins Mark erwärmte. Sein Name war Johann, und er war ein Dichter - ein Träumer, dessen Worte auf der Seite wie Musik tanzten, Geschichten von Liebe und Sehnsucht webend, die Ingrids Seele auf eine Weise ansprachen, die sie kaum begreifen konnte.

Mit Johann an ihrer Seite begann Ingrid eine Reise der Selbstentdeckung - eine Reise, die sie in die dunkelsten Ecken ihres eigenen Herzens und zurück führen würde. Zusammen wanderten sie durch die Straßen von Berlin, ihre Schritte hallten durch die leeren Gänge der Vergangenheit, während sie in einer Welt, die ihren Weg verloren hatte, nach Bedeutung suchten.

Aber während sie tiefer in die Geheimnisse ihrer eigenen Seelen eindrangen, fanden sie sich in einem Netz aus Geheimnissen und Lügen verstrickt, das drohte, sie auseinanderzureißen. Denn Johann war nicht, wer er zu sein schien - eine Tatsache, die Ingrid eines schicksalhaften Abends entdeckte, als sie einen Brief entdeckte, der unter den Dielen seiner Wohnung versteckt war.

Mit zitternden Händen las sie die Worte auf der Seite - ein Liebesgeständnis einer anderen Frau, einer Frau, deren Name in Johanns Herz in Feuerbuchstaben eingebrannt war. Und als die Wahrheit über sie hereinbrach, spürte Ingrid, wie ihre Welt um sie herum zusammenbrach, ihre Träume wie Glas gegen den kalten, harten Boden zerschmettert.

Gebrochen vor Kummer und Verrat floh Ingrid in die Nacht, ihre Tränen mischten sich mit dem Regen, während sie durch die Straßen von Berlin auf der Suche nach Trost wanderte. Aber egal, wohin sie sich wandte, fand sie nur Leere - eine Leere, die sie ganz zu verschlingen drohte.

Es war in der dunkelsten Stunde der Nacht, dass sich Ingrid vor dem Brandenburger Tor wiederfand - einem Monument für den Triumph des menschlichen Geistes über die Widrigkeiten, ein Leuchtfeuer der Hoffnung in einer von Verzweiflung geprägten Welt. Und während sie zu seiner imposanten Gestalt hinaufsah, überkam sie ein Gefühl des Friedens - eine Erkenntnis, dass sie trotz des Schmerzes und des Leids, das sie erlitten hatte, immer noch stand, immer noch atmete, immer noch lebte.

Und in diesem Moment wusste Ingrid, dass sie stärker war, als sie es sich je vorgestellt hatte - dass sie, egal welche Prüfungen noch bevorstanden, ihnen mit Mut und Widerstandsfähigkeit entgegentreten würde, ihr Geist ungebrochen von den Stürmen des Lebens. Denn am Ende waren es nicht die Echos der Vergangenheit, die sie definierten, sondern die Stärke und Entschlossenheit, mit der sie die Zukunft meisterten, Schritt für Schritt.

In my Heart

The streets of Berlin were a labyrinth of shadows and whispers, where the echoes of the past reverberated through the cobblestone alleys and faded facades. Among the throngs of people who wandered its winding pathways was a woman named Ingrid Müller, her footsteps a silent lament for all that had been lost in the tumult of war and upheaval.

Ingrid was a woman of contradictions—a soul torn between the promise of the future and the weight of the past, her heart a battlefield where love and longing waged an eternal war. With her dark hair pulled back in a simple bun and her eyes clouded with sorrow, she moved through the world like a ghost, her presence felt but never fully seen.

Born into a world torn apart by conflict, Ingrid had known little peace in her lifetime. Her childhood had been a blur of air raids and rationing, her youth a haze of uncertainty and fear. But amidst the chaos and despair, there had been moments of fleeting beauty—a stolen kiss in the shadow of a bombed-out building, a whispered promise beneath the flickering glow of a candle.

And then, as suddenly as it had begun, the war had ended, leaving behind a shattered world and a broken people struggling to rebuild their lives from the ashes. For Ingrid, the end of the war had brought little relief, her dreams of a brighter future dashed by the harsh realities of post-war Germany.

But amidst the rubble and ruin, there was still hope—a flickering flame that refused to be extinguished, no matter how fierce the winds of change. And it was in this fragile moment of transition that Ingrid found herself drawn to the heart of Berlin—a city in flux, where the old world clashed with the new, and the echoes of the past mingled with the promise of the future.

It was here, amidst the crumbling buildings and bustling streets, that Ingrid met a man who would change her life forever—a man with eyes like storm clouds and a smile that warmed her to the core. His name was Johann, and he was a poet—a dreamer whose words danced on the page like music, weaving tales of love and longing that spoke to Ingrid's soul in ways she could scarcely comprehend.

With Johann by her side, Ingrid embarked on a journey of self-discovery—a journey that would take her to the darkest corners of her own heart and back again. Together, they wandered the streets of Berlin, their footsteps echoing through the empty corridors of the past as they searched for meaning in a world that had lost its way.

But as they delved deeper into the mysteries of their own souls, they found themselves ensnared in a web of secrets and lies that threatened to tear them apart. For Johann was not who he appeared to be—a fact that Ingrid discovered one fateful evening as she stumbled upon a letter hidden beneath the floorboards of his apartment.

With trembling hands, she read the words written on the page—a confession of love from another woman, a woman whose name was etched upon Johann's heart in letters of fire. And as the truth dawned upon her, Ingrid felt her world crumble around her, her dreams shattered like glass against the cold, hard ground.

Heartbroken and betrayed, Ingrid fled into the night, her tears mingling with the rain as she wandered the streets of Berlin in search of solace. But no matter where she turned, she found only emptiness—a void that threatened to consume her whole.

It was in the darkest hour of the night that Ingrid found herself standing before the Brandenburg Gate—a monument to the triumph of the human spirit over adversity, a beacon of hope in a world consumed by despair. And as she gazed up at its towering form, a sense of peace washed over her—a realization that, despite the pain and heartache she had endured, she was still standing, still breathing, still alive.

And in that moment, Ingrid knew that she was stronger than she had ever imagined—that no matter what trials lay ahead, she would face them with courage and resilience, her spirit unbroken by the storms of life. For in the end, it was not the echoes of the past that defined her, but the strength and determination with which she faced the future, one step at a time.